面白いほどわかる！
オペラ入門

名アリア・
名場面は
ここにある！

神木勇介
KAMIKI
Yusuke

青弓社

面白いほどわかる！オペラ入門
——名アリア・名場面はここにある！

●

目次

装画──ryuku
装丁──ナカグログラフ ［黒瀬章夫］

まえがき

　総合芸術といわれるオペラ。難しそうでハードルが高いものと思われがちですが、クラシック音楽、あるいは演劇、舞踊、美術などの芸術に関心があれば、オペラをわかるようになって楽しみたいという人も多いはずです。

　現在では、一昔前と比べて、オペラに接することが格段に容易になりました。実際に、日本各地の劇場・ホールでオペラは多く上演されています。また、海外オペラハウスの引っ越し公演だけでなく、海外の最新のオペラ公演を映画館で鑑賞することもできます。

　加えて、注目される昨今の著しい変化は、デジタル環境の進展です。数々のオペラ公演はDVDとして販売されています。それらの種類は増え、さらに価格は下がっています。

　また、インターネット環境の拡大によって、動画共有サイトが充実してきました。少し検索してみるだけで、様々な動画にアクセスできます。例えば、オペラ歌手が動画共有サイトにチャンネルをもち、その歌声を配信しています。歌手だけでなく、各国のオペラハウスが公演を自主配信するなど、オペラを1本まるごと観ることも可能になりました。

　ネット上には知りたい情報があふれています。オペラは外国語で歌われますが、その対訳も見つかりますし、翻訳サイトで簡単に調べることもできます。

　こんなに恵まれたオペラ環境ですが、逆に失われたものもあります。それは、私たちの時間です。オペラは、時間芸術です。鑑賞するためには時間が必要です。しかも、オペラは長い。1本のオペラを鑑賞するのに2時間から3時間はかかります。5時間を必要とするオペラもあります。私たちの日常で、オペラ鑑賞の時間を確保する

のは容易ではありません。ほかの多くの趣味やSNSなど、時間を奪い合うライバルも存在します。

それでは、どうやってオペラを楽しめばいいのでしょうか。

以前は、長大なオペラ全曲の聴きどころをCD1枚、LPレコード1枚に編集したハイライト盤がありました。解説書は、全体のあらすじや、どのような意味でそのアリア、その場面が重要なのかを教えてくれました。しかし、ネット経由で1曲から購入できる時代に、また、サブスクリプションの音楽配信サービスを利用できる時代に、ハイライト盤の必要性は失われています。

オペラのどこに注目して観ればいいのか、あるいは聴けばいいのか。オペラ全曲のどこにハイライトがあるのか。オペラの入門者には厳しい時代になってしまったのです。

ここで本書の出番です。

本書では、オペラ全曲のうち、観どころや聴きどころにフォーカスして紹介していきます。これからオペラを楽しみたいと思っている人に向けて、名作オペラの名アリア・名場面はここにありますよ、そしてこんなふうに観てみましょう、聴いてみましょう、とお伝えするつもりです。鑑賞するのに時間がかかるオペラ。その名アリア・名場面が、よりスピーディーに面白いほどわかる。本書はオペラ鑑賞のための攻略本です。

オペラは100年から200年前の古典的な芸術作品ですので、わかりにくい部分があります。その部分をかみ砕いて説明し、足りない部分を補いました。本書では、オペラ鑑賞の難しい部分を丁寧に解説していきます。また、オペラ特有の専門用語についても、順番に解説していきます。

ハイライトとして取り上げた場面には、オペラで使用されている原語（主にイタリア語、ドイツ語、フランス語）を表記しました。日本

語で掲げられた曲のタイトルはあくまで翻訳ですので、訳者によって表現が異なります。もし気になる曲があって、動画共有サイトなどで検索してみるときには、原語のほうを入力してみてください。2単語から3単語を入力すれば、すぐに検索候補が現れるはずです。

　時間に合わせて楽しめるように、各曲のおおよその演奏時間も記載しました。例えば、［2：30］という表記は2分30秒を示しています。もちろん演奏者によって演奏時間は異なりますが、鑑賞の一助になれば幸いです。

　各章では、大まかな時代順にオペラ作曲家の代表的な作品を「名作Pick Up」として取り上げました。この1冊でオペラ史の流れを概観することができます。また、目次から好きなオペラを選んで読んでいくことも可能です。とはいえ、オペラは初めてという人は、ぜひページをめくって序章「はじめに『魔笛』でオペラのことを知る」にお進みください。

*

　オペラの名アリア・名場面……どこかにあなたの心を揺さぶる「歌」があるはず。もしそれが見つかったのなら、今度はオペラ全曲を鑑賞してみることをお勧めします。長いオペラも、観どころや聴きどころがわかって楽しめればあっという間です。あなたの時間のなかに、オペラの時間を作ることができたなら、本書の試みは成功したといえるでしょうか。

"Die Zeit, die ist ein sonderbar Ding." Der Rosenkavalier
「時というものは不思議なもの」——『ばらの騎士』から

序章
はじめに『魔笛』で
オペラのことを知る

1　オペラ歌手が歌うアリア

テノールの美しい旋律線

　本書では、名作オペラの観どころや聴きどころを数多く紹介して
いきます。ここではまず、ヴォルフガング・アマデウス・モーツァ
ルト（1756-91）が作曲したオペラ『魔笛』を鑑賞しながら、オペラ
鑑賞のための基礎知識を習得することにしましょう。

　まずオペラの醍醐味といえば、オペラ歌手が歌う「アリア」であ
ることは間違いありません。アリアとは、オペラの登場人物がその
ときの気持ちを歌い上げる歌、もしくはその場面のことです。美し
い旋律に乗せて相手に思いを伝えたり、激しく訴えたいときには情
熱的に歌ったり、各オペラには様々な歌や場面があります。いずれ
にせよ、オペラ歌手の見せ場であり、聴く側からしてもオペラ鑑賞
のいちばんの楽しみであることも多いはずです。

　それでは早速、オペラ『魔笛』のヒーロー役である王子タミーノ
のアリアを聴いてみましょう。

> 第1幕　第3番　タミーノのアリア
> 「なんと美しい絵姿」
> Act 1 : "Dies Bildnis ist bezaubernd schön"（Tamino）　　　［4 : 00］

序章　013
はじめに『魔笛』でオペラのことを知る

王子タミーノはテノール歌手が受け持ちます。テノールは男声のうち高いほうの声域です。ヒーローの役はやはりテノールに割り振られることが多いのです。このアリアでタミーノは、ヒロイン役のパミーナのことを想って歌います。しかし、まだ二人は実際には出会っていません。タミーノは、パミーナの姿が描かれた絵を見て、なんという美しい絵姿なのか、この湧き立つ気持ちは恋以外の何ものでもない、と自分の気持ちを歌い上げるのです。オペラには恋心を歌うアリアが多く出てきますが、このタミーノのアリアは、出会う前から彼女に心を奪われるというオペラ史上最速で"恋に落ちる瞬間"を表現した場面だといえるでしょう。この瞬間を、モーツァルトは美しい旋律線をもつアリアとして作曲しました。

声の違いは性格の違い

　テノール歌手が歌い上げるアリアはオペラの醍醐味です。もちろん、本書では名作オペラのなかから数多くのアリアを紹介していきます。その前に……、オペラの楽しみにもう一味加える重要なポイントがあります。

　このオペラ『魔笛』には、モノスタトスという悪役が存在します。悪役といっても、ボスの手先になっている器の小さい男です。そして、モノスタトスもパミーナを自分のものにしようと企みます。横恋慕するわけです。ただこの男は小心者で、いってみればボスの威光を笠に着て威張りちらすのですが、まるでいいところなし。オペラのなかでも、パミーナが眠っているところにやってきて、「俺はいままでずっと恋愛に縁がなかった。こんなチャンスはめったにない。ちょっとくらい手を出してもいいだろう」と言って彼女に忍び寄ります。このときにモノスタトスがアリアを歌うのですが、この役もテノール歌手の役なのです。

　　■ 第2幕　第16番　モノスタトスのアリア

「誰だって恋の喜びを知っている」
Act 2 : "Alles fühlt der Liebe Freuden" (Monostatos) 　　　[1 : 30]

　このアリアは大変短い楽曲です。聴いてみれば、歌手が早口でまくし立てるように一気に思いを吐き出していて、タミーノが先ほど優雅に歌い上げていたアリアとは似ても似つかないものだとわかるでしょう。同じテノールの声域の歌手が歌う役、そして、同じテノールのアリアだったとしても、全く別物に聞こえるはずです。

　同じテノールでも声の質感が違うのです。オペラではまず、その登場人物に合った「声域」が割り当てられます。『魔笛』のタミーノのように王子、あるいは若い貴族、詩人などは男声のなかでも高い声域のテノールが割り当てられます。さらに同じ声域のなかでも、その役柄の性格によって必要な「声質」が違ってくるのです。王子タミーノ役は、美しく立派な高音が出せるテノール歌手が歌います。逆にモノスタトス役のテノール歌手は、その卑屈な性格を誇張して歌って観客の目を引きます。このような特徴的な役を歌うテノールを「キャラクター・テノール」と呼ぶこともあります。こうした歌手が味のある歌唱を披露することによって、オペラ全体が面白いものになるのです。

　作曲家モーツァルトが天才であるゆえんの一つには、このような役柄に合った音楽を作曲している点が挙げられます。モノスタトスのアリアでは、フルートよりも1オクターヴ高い音を出す楽器ピッコロを使って彼の滑稽で、また好色でもある性格を描き出しています。むしろ、モーツァルトが作曲したとおりに歌えば、その役の人間的な性格が自然と浮き彫りになるといったほうがいいかもしれません。みんながみんなヒーローとヒロインのような恋愛ができるわけではない。どうしようもなく不細工な形でも、一生懸命な恋愛だってあるはずです。モノスタトスのアリアのほうに共感する聴き手もいます。オペラの醍醐味であるアリアを聴くときには、単に美し

い旋律やよく知られたメロディーを追うだけでなく、そのアリアの様々な性格を楽しみたいところです。

モーツァルトの短調の名歌

　次に、パミーナのアリアを聴いてみましょう。パミーナ役はソプラノ歌手が歌います。

> 第2幕　第17番　パミーナのアリア
> 「ああ、私にはわかる、消えてしまったことが」
> Act 2 : "Ach, ich fühl's, es ist verschwunden"（Pamina）　　　［4：15］

　ヒロインが歌うアリアとしては、かなり悲しい音楽に聞こえたはずです。なぜかといえば、パミーナがタミーノに話しかけても、彼は返事さえしないから。このときタミーノは彼女と結ばれるために「沈黙の儀式」と呼ばれる試練に挑んでいたため、タミーノは目をそらして押し黙るばかりでした。そのことを知らないパミーナは、彼の態度に、もう私のことは愛していないのか……と歌うのがこのアリアなのです。

　作られたようなシチュエーションにあって、ヒロインにとっては、どのように悲しみを表現するか、そして、客席にアリアをどう聴かせるか、歌手の技量が問われるところです。

　モーツァルトはこのアリアの調性にト短調を当てています。モーツァルトが作曲した交響曲で番号が付いたものは41番までありますが、そのうち短調で書かれたものは『第25番』と『第40番』の2つだけ。しかも、両方ともト短調です。これら両方の交響曲は誰もが耳にしたことがある有名な音楽ですし、文句なしの名曲です。ほかにもモーツァルトの短調の曲には名曲が多くありますが、そのなかでもこのパミーナのアリアは知られざる名歌だといえるでしょう。

コロラトゥーラ・ソプラノ

　同じソプラノでも、パミーナの母親役には、また異なる声質が求められます。パミーナの母親は、夜の女王。オペラ『魔笛』のなかでも有名な役ですし、オペラの代名詞のように紹介されることもあるので、ご存じの方も多いかもしれません。

　夜の女王役のソプラノ歌手は、「コロラトゥーラ」と呼ばれる特別な旋律を歌う必要があります。ソプラノ歌手のなかでも軽い声をもつ歌手が、その軽さを利用して、細かい装飾音符が付いた技巧的で華やかな旋律を歌います。このような旋律を歌うことを得意とするソプラノ歌手は「コロラトゥーラ・ソプラノ」とも呼ばれます。夜の女王が歌うアリア2曲は、コロラトゥーラ・ソプラノの腕の見せどころならぬ、声の聴かせどころ。ここでは、そのうちの1曲を取り上げます。

> 第2幕　第14番　夜の女王のアリア
> 「復讐の炎は地獄のように私の心で燃え」
> Act 2 : "Der Hölle Rache kocht in meinem Herzen"（Königin der Nacht）
> 　　　　　　　　　　　　　　　　　　　　　　　　　　[3 : 00]

　この曲は、コロラトゥーラ・ソプラノの声の魅力を存分に味わえるアリアです。細かく高音が続き、ソプラノの最高音（ハイF、日本語の音名で3点ヘ音のこと）まで到達しますが、夜の女王は、このコロラトゥーラの装飾音で何を表現しようとしているのでしょうか。

　それは、怒りや復讐の感情です。夜の女王のいまは亡き夫は、太陽の世界と夜の世界の両方を支配していました。しかし、彼は死ぬ前に、太陽の世界を大祭司ザラストロに譲ってしまいました。すべての世界を我がものにしたい夜の女王は、自分の娘のパミーナに短剣を渡して、ザラストロを殺害するように命じます。夜の女王から

すれば、ザラストロは、太陽の世界を奪い取った悪人というわけです。

バス歌手の声と人物像

　太陽の世界を譲り受けた大祭司ザラストロは、夜の女王が言うとおりに本当に悪人なのでしょうか。実はオペラ『魔笛』では、ザラストロのほうが人々から尊敬を集めている賢者として描かれています。彼は、邪悪な野望をもつ夜の女王からその娘のパミーナを保護し、タミーノとともに若い男女を正しい道へと導こうとしていたのです。

　大祭司ザラストロ役は、男声の最も低い声域であるバス歌手が歌います。しかも、イタリア語で「深い」を意味する「プロフォンド」と呼ばれる声質が必要な重要な役です。はじめは悪人だとされていて、しかし、そうではないことを威厳がある敬虔な声によって示さなければなりません。その声が人物像を作り上げるわけで、オペラが声の芸術たるゆえんだといえるでしょう。

> 　第2幕　第15番　ザラストロのアリア
> 　「この聖なる殿堂には」
> 　Act 2："In diesen heil'gen Hallen"（Sarastro）　　　　　　　［4：00］

　夜の女王からザラストロを短剣で殺害するように命じられたパミーナは、このような母のことを許してほしいとザラストロに願い出ます。これに応えて、ザラストロはこのアリアを歌います。この聖なる場所では、人は復讐を知らず、人と人とは愛し合うと述べています。

2 オペラ作品について

オペラで使用される言語

　ここまでオペラ『魔笛』の主要な登場人物のアリアを紹介してきましたが、ここで一度、『魔笛』という作品の背景を振り返りながら、オペラとはどんなものなのかを解説していきます。

　モーツァルトの3大オペラといえば、『フィガロの結婚』と『ドン・ジョヴァンニ』、そして『魔笛』の3作品のことを指します。ただし、この3大オペラのうち、『魔笛』とその他2つの作品とでは大きく異なる点があります。

　その一つは歌われる言語の違いです。つまり、『フィガロの結婚』と『ドン・ジョヴァンニ』はイタリア語で歌われますが、『魔笛』はドイツ語で歌われるのです。この違い、オペラでは単に言語が異なる……だけでは終わりません。

　オペラの発祥の地はイタリアです。モーツァルトが活躍していた時代は、オペラといえばイタリア・オペラが主流で、このころの作曲家はイタリア・オペラのヒット作を生むことを目指していました。これは、モーツァルトのライバルとされるアントニオ・サリエリ（1750-1825）も同じです。当時の作曲家は、イタリア語の台本を使用して、イタリア音楽のスタイルで作曲したイタリア風オペラで勝負していました。ですので、モーツァルトもイタリア語の台本にイタリア音楽のスタイルで作曲した『フィガロの結婚』でヒットを飛ばし、その延長線上で『ドン・ジョヴァンニ』も作曲したのです。

　しかし、モーツァルトはオーストリアのザルツブルクの出身。ドイツ語によるオペラを作りたかったのです。モーツァルトの生涯を描いた映画『アマデウス』（監督：ミロス・フォアマン、1985年）では、次のような場面が描かれています。モーツァルトは、神聖ローマ帝

国（オーストリア）の皇帝ヨーゼフ2世にオペラの作曲を依頼されます。そのとき皇帝は、イタリア語とドイツ語のどちらのオペラを頼もうか決めあぐねていましたが、モーツァルトはドイツ語のオペラを書かせてほしいと即答するのです。この場面は、モーツァルトの別のオペラ『後宮からの逃走』を作曲したときのエピソードでしたが、モーツァルトがその後、自身最後のオペラとしてドイツ語によるオペラ『魔笛』を作曲する意欲は、かなり高かったものと想像できます。

　オペラは、主にイタリア、フランス、ドイツで独自のスタイルを発展させます。イタリアでは「歌」がオペラの中心となり、その歌を歌う「声」が追求されます。イタリア語で「美しい歌唱」を意味する「ベルカント」という言葉があります。歌の力を引き出すようにイタリア・オペラは発展していきました。フランスでは、このイタリア・オペラの影響を大きく受けながらフランス語のオペラが創作され、5幕もしくは4幕のグランド・オペラ（フランス語読みではグラントペラ）が主流になりました。スペクタクルな大舞台が好まれ、独立したバレエ場面が挿入されます。そしてドイツでは、イタリア・オペラが歌を重視したことに比べて、オーケストラが演奏する音楽にも注目し、オペラの「劇」の部分と組み合わせて全体芸術を模索していきます。ドイツ・オペラの巨匠リヒャルト・ワーグナーが様々な改革をおこないました。ロシアやイギリスなどそのほかの国でも、母国語によるオペラが創作されます。

　このようにオペラは、使用される言語の違いが、そのスタイルにも大きく影響します。スタイルが異なる様々な種類のオペラがあるのです。

アリアとレチタティーヴォ

　次に、『魔笛』とほかの2作品について、形式の点での違いを説明しておきましょう。

イタリア語で歌う『フィガロの結婚』と『ドン・ジョヴァンニ』は、すべての台詞（せりふ）が「歌われる」ことになります。つまり、歌と歌の間に、あたかも会話をするようにして登場人物がやりとりをする場面も、その台詞すべてに音符が付いていて歌われるのです。この会話に音符が付いて歌われる部分は専門用語で「レチタティーヴォ」と呼ばれています。

　これに対して、ドイツ語で歌う『魔笛』は、歌と歌の間の部分、すなわち会話をして物語が進行する部分は、演劇のように台詞になっていて、この部分は歌われません。逆にいえば、演劇の途中に歌が入っていくという具合です。こうした当時のドイツ・オペラのスタイルは「ジングシュピール」と呼ばれていました。オペラは、基本的には台詞をすべて歌詞として歌ってしまうものなので、このドイツ・オペラの初期のスタイルであるジングシュピールとして書かれた『魔笛』は、オペラ史全体からみれば特殊な例だといえます。

　オペラの基本的な形式としては、レチタティーヴォで会話が進み、アリア（もしくは重唱）で歌を聴かせる。そしてまたレチタティーヴォで会話が進む。このようなイメージをもっておけば十分です。もちろんオペラが発展していくにつれて、このレチタティーヴォとアリアの形式も、次第に変化していきます。

　レチタティーヴォは当初、会話のニュアンスを残し、言語がもつリズムに対応するためにも、チェンバロなどの鍵盤楽器で伴奏される「レチタティーヴォ・セッコ」と呼ばれるものでした。それから次第にオーケストラが伴奏する「レチタティーヴォ・アッコンパニャート」が現れます。この部分はアリアの導入の役割を担っていました。その後、この形がさらに進んで、オーケストラの演奏とともに会話や独白を重ねていく「シェーナ」と呼ばれる形式が現れます。

　アリアについても、様々な種類があります。アリアに満たないもっと簡単な歌、例えば、カンツォーネやロマンツァが歌われることもあります。アリアが発展していくと、もっと大型の「カヴァティ

ーナ・カバレッタ形式」と呼ばれるアリアが現れます。また、「劇」を重視する傾向から、レチタティーヴォが発展したシェーナの形で聴かせどころを作るようにもなります。

本書では、特に断らないかぎり、これらの聴かせどころとしての歌や場面をひとくくりにしてアリアとして扱います。

『魔笛』の序曲

それでは、オペラ『魔笛』の鑑賞に戻りましょう。

オペラ『魔笛』のストーリーは、古代エジプトの架空の世界を舞台にしたメルヘンものです。夜の女王と大祭司ザラストロという対立軸のなかで、タミーノとパミーナが「火」の試練と「水」の試練を魔法の笛の力を借りて乗り越え、そして二人は最後に結ばれてハッピーエンドになります。

タミーノが吹く魔法の笛の音色は、オーケストラのフルートで奏でられます。ここで、魔笛の音色を、以下の第2幕フィナーレの部分に出てくる試練の場で確認しておきましょう。

> 第2幕　第21番　フィナーレの部分（パミーナ、タミーノ、合唱）
> 「私たちは炎のなかをくぐり抜けた」
> Act 2 : "Wir wandelten durch Feuersgluten" (Pamina, Tamino, Chorus)
> [3 : 15]

タミーノとパミーナの恋物語にフォーカスしたおとぎ話のようなストーリーは、現実の世界を離れてモーツァルトの音楽を楽しむためには、おあつらえ向きかもしれません。一つひとつの曲は、まるで宝石箱のなかに並ぶ宝石のようです。

それではここで、その宝石箱のなかをのぞいてみる、すなわちオペラの全体像をみてみましょう。

オペラ『魔笛』は全2幕からなり、その前に「序曲」を置いてい

ます。『魔笛』の序曲は、印象的な3つの和音を鳴らすことから始まります。この3つの和音は、第2幕の冒頭でザラストロとほかの僧侶たちとが問答する間にも鳴らされ、神秘的な雰囲気を漂わせるのです。

　序曲は全体としてソナタ形式で書かれていて、最晩年のモーツァルトの管弦楽曲として、この曲単体でも十分に聴き応えがある音楽が味わえます。

　「『魔笛』の序曲」
　"Die Zauberflöte, Overture"　　　　　　　　　　　　　［6：30］

　序曲は、その後のオペラの主要な場面と連結するようになります。前述したように『魔笛』の序曲も、最初の3和音は第2幕冒頭の僧侶たちが集う厳粛な場面でも使われます。このように序曲は、オペラのなかのフレーズを素材として取り入れることによって、そのオペラの全体像を暗示するようになりました。さらに、ワーグナーのオペラ（楽劇）に至っては、序曲を序曲として独立させて置かず、オペラの最初の場面を導く「前奏曲」という新しい概念に変化させました。

番号オペラ

　さて、それでは、再び『魔笛』の全体像に戻ります。
　序曲のあと、第1幕が始まり、これは第1番から第8番までの8曲で構成されています。実際のオペラ公演では、第1幕が終わると休憩時間がとられ、第2幕は第9番から始まり、第21番のフィナーレで終わります。各幕の最後のナンバーであるフィナーレには多くの登場人物たちが次々と出たり入ったりして、アリアや重唱、合唱などを盛り込んだ大きな場面が置かれています。
　オペラ『魔笛』は、表1のように第1番、第2番……と番号で数え

表1　『魔笛』の構成

序曲			
第1幕		第2幕	
第1番	導入曲	第9番	行進曲
第2番	アリア	第10番	アリア
第3番	アリア	第11番	二重唱
第4番	アリア	第12番	五重唱
第5番	五重唱	第13番	アリア
第6番	三重唱	第14番	アリア
第7番	二重唱	第15番	アリア
第8番	フィナーレ	第16番	三重唱
		第17番	アリア
		第18番	合唱
		第19番	三重唱
		第20番	アリア
		第21番	フィナーレ

ることができます。一つの曲に、それぞれ始まりがあって終わりがある。歌手が歌いきったところで曲が終了し、それが客席に感動を与えれば、大きな拍手が起こる。このように1曲ずつの区切りをもつオペラは「番号オペラ」と呼ばれています。

　序曲の場合と同様に、オペラのアリアやレチタティーヴォなどの形式も時代とともに変化し、進化していきます。次第に、番号で区切られることなく、曲と曲とが連結され、途中で中断されることなく、次の場面へと移行するようになりました。番号オペラという概念がなくなっていき、オペラの各幕は一つの音楽、オペラ全体を一つの芸術作品としてみなすようになります。

　本書でもこれから、このアリアに注目、としてハイライトを紹介していきますが、その多くが一つの曲として独立しているわけではなく、聴かせどころとしての一場面を指しています。1曲で区切られていないのでわかりにくくなるかもしれませんが、やはりオペラの登場人物がその気持ちを歌う場面では、歌い出しがあり、歌い終わりがあります。オペラでは、こうした聴かせどころの一場面をアリアと同様に扱いますが、このような場合には、歌い出しの歌詞を

その曲のタイトルとしています。ハイライトをインターネットで検索したいときなどは、その歌い出しの歌詞をタイトルとして探すことができるのです。

3 アンサンブルの楽しみ

愛されるパパゲーノ

　オペラ『魔笛』の構成を一覧にした表1をみたとき、アリアのナンバーのほかに、気になる文字が目に入ってきたのではないでしょうか。そうです、オペラには重唱があります。舞台上に複数の登場人物が現れ、様々な組み合わせで歌い、ハーモニーを奏でます。登場人物同士の掛け合いの面白さ、それに声と声が合わさったハーモニーとしての美しさ……このような重唱もアリアと同様にオペラ鑑賞に欠かせない楽しみの一つです。

　さて、『魔笛』の重唱をみていく前に、このオペラに出てくるもう一人の重要人物を紹介しなければなりません。彼の名はパパゲーノ。モーツァルトのオペラに出てくる役のなかで、いや、オペラ史上すべての役のなかで、世界中の人々から最も愛されてきたキャラクターといえるかもしれません。彼の仕事は鳥刺し。鳥を捕まえることを生業としています。パパゲーノがどんな人物か、まず彼が登場するアリアを聴いてみましょう。

　第1幕　第2番　パパゲーノのアリア
　「私は鳥刺し」
　Act 1："Der Vogelfänger bin ich ja"（Papageno）　　　　　［2：45］

　パパゲーノの声域は「バリトン」です。男声の声域のうち、高い声域をテノール、低い声域をバスと呼びますが、バリトンはこの2

つの声域のちょうど真ん中に位置しています。テノール歌手のような輝かしい響きを維持し、あわせてバス歌手のような深さももつ表現豊かな声であるといえるでしょう。愛すべきパパゲーノの性格を描き出すためにも、バリトンという中声域は最適です。

しかし、なぜパパゲーノはみんなに愛されるのでしょうか。パパゲーノは……食いしん坊、見栄っ張り、怖がり、せっかち、そして肝心なところでどじを踏むなど人の欠点のすべてを抱えている、そんな性格です。すなわち、欠点をもっていない人なんて世界中どこにもいませんので、みんなどこかで自分と同じところをパパゲーノに見いだして、彼に共感してしまうというわけです。

魔法の笛、魔法の鈴

パパゲーノは、王子タミーノが大蛇に襲われ、岩山で倒れているところに、たまたま通りかかります。タミーノが目を覚ましてパパゲーノに「君が助けてくれたのか」と問うと、パパゲーノは本当は違うのに「……そうだよ」と答えてしまいます。そこに現れたのが夜の女王に仕える3人の侍女。本当はこの3人の侍女が大蛇を倒して王子を助けたのです。3人の侍女はそれぞれソプラノ、メゾ・ソプラノ、アルトであり、女声の3つの声域に分かれています。王子タミーノ役はテノール、パパゲーノ役はバリトンですので、バランスよく5人が舞台にそろったところで、五重唱が始まります。

　第1幕　第5番　五重唱（3人の侍女、タミーノ、パパゲーノ）
　「フム！　フム！　フム！」
　Act 1："Hm! hm! hm!"（Drei Damen, Tamino, Papageno）［6：00］

この五重唱では、男女がバランスよく構成されていて、音楽的に美しい和音を作り出しています。それに加えて面白いのは、3人の侍女が、嘘をついたパパゲーノの口に魔法で錠をかけてしまったの

で、パパゲーノは口を開けることができないのです。パパゲーノは、口が開けられない状態でこの五重唱を"歌い"始めなければなりません。だから、パパゲーノの最初の歌詞は「フム！フム！フム！……」というハミングになります。

　また、この五重唱は、物語の起点としても大変重要な意味をもちます。夜の女王に仕える3人の侍女たちの目的は、王子に魔法の笛を授け、これを使ってパミーナをザラストロのもとから連れ戻すこと。ここでタミーノが初めて魔法の笛を手にします。そして、なぜかパパゲーノも王子に同行するよう命じられます。いやがるパパゲーノには「魔法の鈴」が与えられました。冒険に旅立つ王子とその家来の姿が描かれています。

愛の二重唱

　冒険が始まってすぐ、大祭司ザラストロの宮殿に入ったタミーノとパパゲーノの二人は、はぐれてしまいます。宮殿のなかをパパゲーノが一人でうろうろしていると、そこで美しい女性に出くわします。この女性が捜していたパミーナでした。タミーノよりも先に見つけてしまったわけです。パパゲーノが、パミーナに対して、王子がパミーナの絵姿を見て恋に落ちたことを伝えると、パミーナのほうも王子タミーノのことを恋い焦がれるようになります。

　この場面で、人を愛することを賛美する歌が、パミーナとパパゲーノによって歌われます。二重唱というと、ヒーローとヒロインのペアと思いがちですが、オペラでは、いろいろな場面でいくつもの組み合わせによる重唱が用意されています。登場人物たちが物語のなかで出会い、交わり、ときには争う、そしてそのように人と人とが巡り合うなかで、歌を重ね合せていく……そのアンサンブルにオペラの大きな魅力が詰まっているのです。

　パミーナとパパゲーノの二重唱は小さな楽曲ですが、その優しい旋律に乗せて、愛することの大切さが表現されており、オペラ『魔

笛』のなかでも名場面の一つとして知られています。

> 第1幕　第7番　二重唱（パミーナ、パパゲーノ）
> 「恋を知る男たちは」
> Act 1："Bei Männern,welche Liebe fühlen"（Pamina, Papageno）
>
> 　　　　　　　　　　　　　　　　　　　　　　　　　[3：00]

パパゲーノの物語

　さて、オペラ『魔笛』の物語は、王子タミーノとパミーナが魔法の笛の力を借りながら試練に打ち勝って結ばれるというものでしたが、ここにもう一つ、サイドストーリーが用意されています。それがパパゲーノの物語です。

　パパゲーノの望みはただ一つ。かわいい女の子、つまり恋人がほしい。タミーノとパミーナが結ばれるように、パパゲーノも自分の恋人として、どこかにパパゲーナと呼ばれる女の子がいないのかと、あてもなく探し求めるのです。

> 第2幕　第21番　フィナーレ　パパゲーノの独白
> 「パパゲーナ！　かわいい女の子」
> Act 2："Papagena! Papagena! Papagena! Weibchen! Täubchen! meine Schöne!"（Papageno）
>
> 　　　　　　　　　　　　　　　　　　　　　　　　　[5：00]

　そのためにパパゲーノは、タミーノの旅についていきますし、同じ試練も受けます。でも、うまくいきません。あんまりうまくいかないので、パパゲーノは投げ出したくなります。もうやめた。恋人が見つからないなら死んでやる、とも言いますが、本当は誰かに止めてほしい。そんな調子のパパゲーノに天使の声が助言をしてくれます。君には魔法の鈴があるではないか、と。パパゲーノもそのことを思い出し、女の子に会いたいと願いを込めて魔法の鈴を鳴らし

てみると、そこにかわいらしい女の子「パパゲーナ」が出現します。「パ、パ、パ、パパゲーナ！」と、驚くパパゲーノ。そこから、パパゲーノとパパゲーナの二重唱が始まります。歌詞が「パ、パ、パ」から始まるなんとも楽しい二重唱です。この曲は、第2幕の最後の第21番フィナーレのなかに入っています。

> 第2幕　第21番　フィナーレ　二重唱（パパゲーナ、パパゲーノ）
> 「パ、パ、パ…パパゲーナ！」
> Act 2："Pa Pa Pa ...Papagena!"（Papagena, Papageno）　　　［2：15］

　そして、オペラ『魔笛』は、大祭司ザラストロが夜の女王の野望を打ち破って勝利を宣言してから、神々をたたえる合唱によって終幕となります。

> 第2幕　第21番　フィナーレ　ザラストロと合唱
> 「太陽の光は夜を追い払った」
> Act 2："Die Strahlen der Sonne vertreiben die Nacht"（Sarastro, Chorus）　　　［2：30］

　本書の序章として、モーツァルトの3大オペラの一つ『魔笛』を紹介しながら、オペラ鑑賞のための基礎知識を解説してきました。『魔笛』は、モーツァルトの魅力あふれる音楽が冴え渡り、どんな人にも親しみやすく、オペラの楽しみを感じやすい作品です。このオペラのなかには、様々な登場人物が現れ、それぞれソプラノからバスまであらゆる声域の歌手が配置され、アリアを歌い、重唱を歌います。まさにオペラ『魔笛』は、モーツァルトの音楽がぎっしり詰まった宝石箱のような作品です。ぜひ、一つひとつの音楽でできた宝石を堪能してみてください。

第1章

モーツァルトのオペラ

1 名作Pick Up『ドン・ジョヴァンニ』

演出の自由度

　オペラ『ドン・ジョヴァンニ』は、『フィガロの結婚』と並ぶモーツァルトのオペラの傑作です。モーツァルトの『フィガロの結婚』は、ウィーンのブルク劇場で1786年に初演されて好評を博したものの、この年には9回しか上演されませんでした。その後、『フィガロの結婚』はプラハで上演されますが、ここで聴衆から熱狂的に支持されます。そこでプラハの劇場はモーツァルトにもう1作品、オペラの作曲を依頼しました。そして、できたのが『ドン・ジョヴァンニ』です。

　このような経緯からも、『ドン・ジョヴァンニ』は『フィガロの結婚』と同じようなスタイルで作曲されていて、また、台本も同じ作家ロレンツォ・ダ・ポンテが書いているなど共通点が多くあります。

　ただ、もちろん両作品には相違点もあります。そのなかでも、『ドン・ジョヴァンニ』のほうが『フィガロの結婚』よりも優れている、もしくは長所になっている点としては、その演出の自由度が挙げられるかもしれません。これはどういうことかというと、まず『フィガロの結婚』は大前提として、貴族のアルマヴィーヴァ伯爵に代表される特権階級への批判のうえに作品全体が描かれており、

もちろんそれは原作よりもオペラのほうが薄められていたとしても、物語はそこからスタートします。そして、登場人物の関係性もすでに決まっていることが多く、さらに、筋書きが複雑に組み立てられているので、もちろん時代背景を変えるとか、抽象化してみるとかの選択肢はあるものの、演出に際しては、ある程度、既存の物語の枠がはめられています。

　ところが、『ドン・ジョヴァンニ』の場合はどうでしょう。このオペラの原作は、ヨーロッパで広く言い伝えられてきた「ドン・ファン伝説」で、スペインで1,003人の恋人をもったといわれるドン・ジョヴァンニが行く先々で女性を誘惑しますが、そのような行動を悔い改めないため、とうとう地獄に引きずり落とされるという物語です。モーツァルトが作曲したオペラのなかでドン・ジョヴァンニが誘惑する女性は3人ですが、三者三様の性格をもち、その3人がドン・ジョヴァンニとどのように関わっていくかは、演出によって様々な選択肢があります。さらに、ドン・ジョヴァンニを地獄に引きずり落とすのは、ドン・ジョヴァンニに殺されて墓場に石像として祀られていた騎士長であり、現実ではありえない異常事態が設定されているのです。これらをどのように演出し、オペラとしてどう客席に見せるのかは、演出家の腕次第。想像力の入る余地が多いというわけです。

序曲の緊張感

　それからもう一つ『フィガロの結婚』と異なるのは、『フィガロの結婚』がオペラ・ブッファ、すなわち喜劇であり、そして最後はハッピーエンドで終わるのに対して、『ドン・ジョヴァンニ』は、形式のうえでは同じオペラ・ブッファですが、最後は主人公のドン・ジョヴァンニが地獄に落とされるという、どちらかといえば悲劇的な結末を迎えることです。

　この違いはやはり、『フィガロの結婚』に熱狂したプラハの聴衆

に対して、その期待にどう応えるのか模索したモーツァルトのアイデアだったのではないかと考えられます。『フィガロの結婚』はオペラ作品として非の打ちどころがない完璧なオペラ作品だといえます。これを支持したプラハの聴衆に対して、次に何が提供できるのかを考えた結果だったのではないでしょうか。

『ドン・ジョヴァンニ』の序曲の冒頭を聴いてみると、モーツァルトが『フィガロの結婚』を超えるオペラを聴衆に提示したかったことが感じられます。『フィガロの結婚』の序曲は、まさにオペラの幕が上がるワクワク感が伝わってくるような快活な出だしの音楽から始まりますが、『ドン・ジョヴァンニ』の序曲は違います。いきなり、劇的な和音が鳴り、30小節にわたって緊張感がある音楽が続くのです。

> 「『ドン・ジョヴァンニ』の序曲」
> "Don Giovanni, Overture"　　　　　　　　　　　　　[6：00]

　この序曲の最初の劇的なテーマ（ニ短調の主和音）は、オペラの終盤で、ドン・ジョヴァンニが地獄に落とされる場面でも印象深く響きます。このオペラは、ドン・ジョヴァンニがどのような所業をなし、どのようにして地獄に落とされたのかが描かれるのです。そこで本章では、オペラのなかのドン・ジョヴァンニの行動を追って、このオペラの魅力に迫ってみます。

ドン・ジョヴァンニの人物像

　ドン・ジョヴァンニとは、どのような人物なのか。悪人、ならず者、女たらし、不実な男、嘘つき、裏切り者……、これらはすべてオペラ『ドン・ジョヴァンニ』の登場人物たちが、彼のことを表現した言葉です。あまり褒められたものではないことは確かです。ドン・ジョヴァンニ役には彼の性格をよく表しているアリアが用意さ

れているので、その曲から聴いてみましょう。まず1曲目は、「シャンパンの歌」と呼ばれる華やかなアリアです。

> 第1幕　第11番　ドン・ジョヴァンニのアリア
> 「酒でみんなが酔いつぶれるまで」
> Act 1 : "Fin ch'han dal vino calda la testa"（Don Giovanni）　　　［1 : 15］

　ドン・ジョヴァンニは、村人たちを自分の邸宅に招いて舞踏会を開催します。ここでは、招待した村娘たちと恋の火遊びを楽しもうと歌い飛ばします。貴族であり、お金持ち。騎士として大胆不敵。そんな勢いを感じさせるアリアです。
　2曲目は、第2幕で歌われる「ドン・ジョヴァンニのセレナーデ」として知られるアリアです。

> 第2幕　第16番　ドン・ジョヴァンニのアリア
> 「さあ、窓辺においで」
> Act 2 : "Deh! vieni alla finestra"（Don Giovanni）　　　　　　　　［2 : 15］

　先ほどの曲とは対照的に、弦楽器の弦を指で弾くピッツィカート奏法とマンドリンだけの伴奏で、ドン・ジョヴァンニは甘く、優しい旋律を歌います。窓辺に向かって、「愛しい人よ、せめてその姿を見せてほしい」と言って気持ちを伝えます。女性を誘惑するときには、こうした一面も見せるのです。
　ドン・ジョヴァンニ役を歌うのはバリトン歌手、もしくはバス歌手です。前述の2つの性格が異なるアリアにみられるように、この役には様々な種類の表現が必要とされることから、歌手の歌唱力が問われることになります。

レポレッロのカタログ

　さて、ドン・ジョヴァンニの人物像を理解するうえで大変有益なアリアがもう一つあります。それはドン・ジョヴァンニが歌うものではなく、彼の従者であるレポレッロが歌うアリアです。

　レポレッロが、主人のドン・ジョヴァンニはいったいどのような人物なのかを語るアリアが「カタログの歌」です。ドン・ジョヴァンニのことを追いかけてきた元恋人という女性に対してレポレッロは、「あなたは最初の恋人でもないし、最後の恋人でもないのです」と言いながら、1つのカタログを取り出します。

　　第1幕　第4番　レポレッロのアリア
　　「奥様、これが恋人のカタログ」
　　Act 1 : "Madamina, il catalogo è questo"（Leporello）　　　［6：00］

　何のカタログかというと、それはドン・ジョヴァンニの過去の恋人たちの名前が書かれた記録帳。イタリアで640人、ドイツで231人、フランスで100人、トルコで91人、そしてスペインでは1,003人の名前が書き連ねてあります。村娘も、女中も、貴族の夫人も、それにお姫様だっています。レポレッロいわく、つまりスカートをはいてさえいれば彼が何をするかは知ってのとおり、というわけです。

　そんな主人に嫌気が差して、レポレッロも彼の従者を辞めると言いだす場面があります。危険な目にもあって、もうやっていけません、と。レポレッロもバリトン歌手、もしくはバス歌手の役です。この主従関係は同じ低声域同士のやりとりになりますので、緊張感がある場面も滑稽な場面も、迫力があります。

　　第2幕　第14番　二重唱（ドン・ジョヴァンニ、レポレッロ）

> 「おい、道化、私を困らせるな」
> Act 2："Eh via, buffone, non mi seccar"（Don Giovanni, Leporello）
>
> ［1：00］

　ドン・ジョヴァンニはレポレッロに金貨4枚を見せます。レポレッロは、今回だけはそれを頂戴して従者を続けることにしました。本当に今回だけなのかはわかりませんが……。

貴族の娘ドンナ・アンナ

　それでは、このオペラのなかで、ドン・ジョヴァンニが誘惑する3人の女性を順番に紹介していきましょう。まずはオペラの中心の事件のきっかけになる貴族の娘ドンナ・アンナ（ソプラノ）です。

　ドンナ・アンナは、ドン・オッターヴィオ（テノール）と婚約していました。彼はドン・ジョヴァンニの友人です。しかし、ドン・ジョヴァンニはその友人の婚約者に手を出すのです。ある日の夜、ドンナ・アンナの寝室に忍び込みました。真っ暗闇で、彼女ははじめは婚約者の彼が来たのかと思います。しかし、そうではないと気がついたときにはすでに遅く、ドン・ジョヴァンニは彼女の邸宅から逃げ出そうとしていました。ドンナ・アンナは彼のことを後ろから捕まえて、大声で助けを呼びます。

　これは、第1幕冒頭の場面です。このオペラは、序曲のあとに演奏される第1番から緊迫した場面でスタートし、客席を一気に舞台に引き込むのです。

> 第1幕　第1番　導入曲（ドン・ジョヴァンニ、ドンナ・アンナ、レポレッロ、騎士長）
> 「夜も昼も休む間もなく」
> Act 1："Notte e giorno faticar"（Don Giovanni, Donna Anna, Leporello, Commendatore）
>
> ［6：00］

ドンナ・アンナの助けに駆けつけたのは、父親の騎士長（バス）です。ドンナ・アンナを邸宅のなかに逃がし、侵入者に対して剣を構えます。そんなに死にたいのなら、と剣を抜くドン・ジョヴァンニ。第1番の導入曲では、ドン・ジョヴァンニと騎士長が剣で戦う様子が音楽で描かれています。そして、ドン・ジョヴァンニの剣によって騎士長は致命傷を負い、その場で倒れて息を引き取るのです。

　外で見張りをしていた従者レポレッロは、この事態に怯えて物陰に隠れて一部始終を見ていました。レポレッロは、「殺されたのはどっちですか」と生きている主人にわざわざ尋ねます。ドン・ジョヴァンニは、「あの老いぼれに決まっているだろう」と答え、二人はその場から立ち去りました。

村娘ツェルリーナ

　女性を誘惑するために殺人をも犯したドン・ジョヴァンニですが、反省しようとする様子は一向に見られません。それどころか今度は、とある村の結婚式に通りかかり、その花嫁ツェルリーナ（ソプラノ）のことを見初めます。花婿のマゼット（バス）は従者のレポレッロに任せておいて、自身はツェルリーナを誘惑するのです。

> 第1幕　第7番　二重唱（ドン・ジョヴァンニ、ツェルリーナ）
> 「お手をどうぞ」
> Act 1："Là ci darem la mano"（Don Giovanni, Zerlina）　　　[3：30]

　この二重唱は、前半部分でドン・ジョヴァンニの甘い誘いの言葉とツェルリーナのためらいが表現され、ついにはその誘惑にツェルリーナが屈した後半部分で、音楽は8分の6拍子のアレグロ（Allegro「速く、快活に」の意味）に変わり、雰囲気が一転します。ドン・ジョヴァンニが女性を口説き落とす腕の見せどころ、すなわち歌の聴

かせどころであるとともに、ツェルリーナの心の移り変わりを小さな二重唱のなかに閉じ込めた佳曲です。

元恋人ドンナ・エルヴィラ

　3人目の女性は、元恋人のドンナ・エルヴィラ（ソプラノ）。彼女の言い分では、ドン・ジョヴァンニは美辞麗句を並べて愛を誓い、結婚すると言っていたのに、3日後には彼女を捨てて逃げ去ったというのです。ドンナ・エルヴィラの思いは複雑です。彼女はドン・ジョヴァンニから裏切られ、復讐したいと思いますが、まだ愛する彼がいざ窮地に陥ると救いたくなります。以下のアリアでは、この相反する2つの感情に挟まれた苦しみを歌う必要があり、難曲の一つに数えられます。

> 第2幕　第21番b　ドンナ・エルヴィラのアリア
> 「神よ、なんと非道な行為を——あの恩知らずは私を裏切り」
> Act 2："In quali eccessi, o Numi... Mi tradì quell'alma ingrata"（Donna Elvira）　　　　　　　　　　　　　　　　　　　　　　[6：00]

　このドンナ・エルヴィラに対して、ドン・ジョヴァンニはどうするのか。今度は彼が女性から逃げる番です。彼はレポレッロと服を交換します。夜になってドン・ジョヴァンニは、彼の服を着たレポレッロに、自分の声色をまねしてドンナ・エルヴィラをどこかに連れ出せと命じました。レポレッロは帽子を深くかぶり、渋々従います。そして、ドンナ・エルヴィラはすっかりだまされてレポレッロについていくのです。
　恋人のように歩く二人ですが、レポレッロとしては、気がつかれないうちに、どこかで早く逃げ出したい。しかし、着ているのはドン・ジョヴァンニの服。その姿から、ドン・ジョヴァンニに恨みをもった登場人物たちに取り囲まれることになります。

父を殺されたドンナ・アンナとその婚約者ドン・オッターヴィオ。誘惑されたツェルリーナとその夫マゼット。みんなで、その男のことは許せないと迫ります。しかし、ドンナ・エルヴィラだけは一人で彼をかばうのです。どうか彼を許してやってほしいと頼みます。そのときレポレッロは「みなさん、許してください」と言って、ドン・ジョヴァンニに変装していたことを明かします。

> 第2幕　第19番　六重唱（ドンナ・アンナ、ドン・オッターヴィオ、ドンナ・エルヴィラ、レポレッロ、ツェルリーナ、マゼット）
> 「暗いところにたった一人でいると」
> Act 2 : "Sola, sola, in buio loco"（Donna Anna, Don Ottavio, Donna Elvira, Leporello, Zerlina, Masetto）　　　　　　　　　[7：45]

　追い詰めた悪人が実はレポレッロだったこと、加えてドンナ・エルヴィラにとってはまたもや裏切られたことが露見しました。この六重唱では、レポレッロが変装を明かす様子とその正体にみんなが驚く様子が見事に描かれています。

最後の晩餐への招待

　からくも逃げ出したレポレッロは、ドン・ジョヴァンニと落ち合います。そこは夜の墓場。騎士の像が多く立っているなかに、殺された騎士長の石像もありました。ドン・ジョヴァンニとレポレッロが、たわいもない女遊びの話をしてドン・ジョヴァンニが大笑いをしたところで、不気味な声が遮ります。「その笑いも今夜限りで終わるだろう」という声が聞こえてきたのです。いったい誰の声なのか。ドン・ジョヴァンニがあたりを見回すと、騎士長の石像があることに気がつきます。その碑銘には、「我を殺した邪悪な男へ、我はここに復讐を待つ」と書いてありました。

　ドン・ジョヴァンニはレポレッロに対して、「今夕の晩餐に騎士

長を招待したい」と言うように命じます。死者を冒瀆するような物言いに怖がるレポレッロはこれを拒否しますが、ドン・ジョヴァンニは彼に強要します。

> 第2幕　第22番　二重唱（ドン・ジョヴァンニ、レポレッロ）
> 「おお、偉大なる騎士長の高貴な石像よ」
> Act 2 : "O statua gentilissima del gran Commendatore"（Don Giovanni, Leporello）
> [3:30]

　仕方なくレポレッロが、騎士長の石像に向かって震えながら晩餐に招待すると、なんと石像がうなずくのです。さすがにこれにはドン・ジョヴァンニも驚きます。しかし、彼は大胆にも「口がきけるのなら答えろ。晩餐に来るのか」と問います。騎士長の答えは「イエス」でした。石像が声を発したことに驚愕する二人……。彼らは、邸宅に戻って晩餐の支度をすることにします。

ドン・ジョヴァンニの地獄落ち

　このオペラの最終場面は、ドン・ジョヴァンニの邸宅で彼の晩餐の時間から始まります。レポレッロに早く料理を運ぶように命じながら景気よく飲み食いしていると、まずそこにやってきたのはドンナ・エルヴィラでした。彼女は、ドン・ジョヴァンニに改心してやり直すことをもちかけますが、彼は全く聞く耳をもちません。ドンナ・エルヴィラは憤慨して帰っていきます。

　そのときです。扉の外からドンナ・エルヴィラの悲鳴が聞こえます。レポレッロに様子を見にいくように命じるドン・ジョヴァンニ。しかし、見にいったレポレッロも同様に悲鳴を上げます。焦って戻ってきたレポレッロは、白い石でできた男がやってきたというのです。

第2幕　第24番　フィナーレ（ドン・ジョヴァンニ、レポレッロ、ドンナ・エルヴィラ）

「晩餐の支度はできた」

Act 2："Già la mensa è preparata"（Don Giovanni, Leporello, Donna Elvira）　　　　　　　　　　　　　　　　　　　　　　　　　　　[8：45]

第2幕　第24番　フィナーレ（ドン・ジョヴァンニ、レポレッロ、騎士長）

「ドン・ジョヴァンニ、晩餐に招かれたので参った」

Act 2："Don Giovanni, a cenar teco m'invitasti, e son venuto"（Don Giovanni, Leporello, Commendatore）　　　　　　　　　　　　　　　[8：00]

　ここで騎士長の石像が、ドン・ジョヴァンニの晩餐に現れます。騎士長の登場場面は、このオペラの序曲の最初のテーマがオーケストラによって再び演奏される場面です。騎士長は、「ドン・ジョヴァンニよ、晩餐に招かれたので参ったぞ」と述べます。そして、私のところにも晩餐に来るか？とドン・ジョヴァンニに問います。死者から晩餐に招待されているわけです。レポレッロに止められますが、ドン・ジョヴァンニは全くひるむことなく、行くと返事をします。

　騎士長が差し出した手をドン・ジョヴァンニが握ると、彼は急に震え始めます。手を離して自由になろうとしても、離れません。「悔い改めよ」と要求する騎士長。しかし、ドン・ジョヴァンニはどんなに苦しんでもこれを拒否します。それならばと、騎士長はそのままドン・ジョヴァンニを地獄へと引きずり落としたのでした。

2 モーツァルト・オペラの名曲
——『フィガロの結婚』のアリア、『コジ・ファン・トゥッテ』の重唱

ダ・ポンテ3部作

　モーツァルトの3大オペラのうち、序章では『魔笛』、「名作Pick Up」では『ドン・ジョヴァンニ』を取り上げました。そして、やはり残りの一つ『フィガロの結婚』を見逃すわけにはいきません。『フィガロの結婚』と『ドン・ジョヴァンニ』の共通点は、イタリア語の台本に作曲されたイタリア・オペラのスタイルであること。このイタリア語による台本を書いたのは、ロレンツォ・ダ・ポンテという詩人兼作家です。モーツァルトとダ・ポンテの共同作業によって、後世まで残る傑作が生まれました。

　さらに、このタッグはもう一つのオペラを創作します。それが、『コジ・ファン・トゥッテ』です。このタイトルを日本語に訳すと、「女はみんなこうしたもの」という意味になります。もともと「コジ・ファン・トゥッテ」という言葉は、『フィガロの結婚』の第1幕第7番の三重唱で音楽教師バジリオ役が歌う歌詞にあったものでした。女性はみんな浮気心をもっていて、それはとりたてて珍しいことではない、という意味です。この言葉を出発点として、女性の浮気心に焦点を当てた喜劇がオペラ『コジ・ファン・トゥッテ』です。どのような経緯でモーツァルトとダ・ポンテとの間でこのオペラが創作されることになったのかは諸説ありますが、現在ではこの作品も高く評価されています。

　ダ・ポンテの台本にモーツァルトが作曲した『フィガロの結婚』『ドン・ジョヴァンニ』『コジ・ファン・トゥッテ』の3つのオペラを、モーツァルトのオペラのうち、ダ・ポンテ3部作と呼んでいます。

本章の後半では、見逃すことができないモーツァルトの傑作『フィガロの結婚』と『コジ・ファン・トゥッテ』を紹介していきます。『フィガロの結婚』の特徴の一つは個性的な登場人物が躍動するところですので、それら主要な役のアリアと重唱を中心にみていきましょう。また、アンサンブル・オペラとして重唱の比重が大きい『コジ・ファン・トゥッテ』については、その重唱を中心に物語の展開を追ってみたいと思います。

フィガロの気概

　オペラ『フィガロの結婚』は、そのタイトルのとおり、フィガロとスザンナの結婚をめぐる物語です。でも、その結婚が思いどおりにならないところに、泣きと笑いのドラマがあります。フィガロとスザンナは、ともに伯爵の邸宅で働く使用人です。時は18世紀、舞台はスペインのセビリャ。結婚式当日の朝からオペラの幕が上がります。事の始まりは、主人であるアルマヴィーヴァ伯爵が花嫁のスザンナに手を出そうとしたこと。これを知って、花婿のフィガロが怒ったのです。第1幕のフィガロのアリア「もし踊りをなさりたければ、伯爵様（Se vuol ballare, Signor Contino）」では、軽妙なスタッカート付きの伴奏に乗って、フィガロの煮えたぎる怒りの様子が浮かび上がります。

　このフィガロ役はバス歌手（または、バリトン歌手）が歌います。前述のアリアの歌詞にあるように、巧妙な策略をめぐらせて大胆に振る舞うこと、そして、権力者に立ち向かう気概を表現するには、力強い低声域がぴったり合います。フィガロの最も有名なアリアといえば、第1幕の「もう飛ぶまいぞ、この蝶々（Non più andrai, farfallone amoroso）」です。実はこの曲のメロディーは、1年後に作曲された『ドン・ジョヴァンニ』のなかでドン・ジョヴァンニの夕食中に流れる……すなわち音楽が引用されています。そのとき、隣にいた従者のレポレッロが、この曲はあまりにも有名だ、と言う場

面があるのです。このことからも当時からヒット曲だったことがわかります。

　このアリアは、伯爵家に奉公する小姓のケルビーノが、伯爵の不興を買って軍隊行きを命じられたことを契機に歌われます。フィガロはそんなケルビーノをからかって、「もう女性の周りを蝶々のように飛び回って遊んではいられない、輝かしい軍人たちの仲間入りだ」と言うのです。フィガロが彼に、もう女性と浮ついた行為はできないと歌うところは、このとき同じ舞台に立っている伯爵に向かって言っているようにも見えます。

ケルビーノの恋の歌

　軍隊行きを命じられたケルビーノ。ケルビーノは、オペラ『フィガロの結婚』を一層面白くする重要な役です。ケルビーノはもちろん男性の役ですが、これをメゾ・ソプラノ歌手が演じます。本来は男性の役を女性がズボンをはいて演じることから「ズボン役」と呼ばれています。本書で取り上げている「名作Pick Up」のオペラのなかでは、『ばらの騎士』のオクタヴィアン、『こうもり』のオルロフスキー公爵が同じくズボン役です。

　ケルビーノのイメージは、フィガロのアリアの歌詞にあるようにギリシャ神話のアドニス、すなわち美の女神アフロディーテに愛された美少年です。どんな女性にも心を動かされ、愛という言葉だけで心がときめくという少年の欲求を体現しています。第1幕のケルビーノのアリア「自分で自分がわからない（Non so più cosa son, cosa faccio）」では、そんな心の落ち着かない様子が描かれます。

　そのようなケルビーノにとって、伯爵邸のなかの女性のうち、いちばんの憧れが伯爵夫人でした。この伯爵夫人に向かって、ケルビーノが自作の恋の歌を歌う場面が、第2幕のケルビーノのアリア「恋とはどんなものかしら（Voi che sapete che cosa è amor）」です。恋とは……あるときは喜びであり、また、あるときは苦しみでもあ

るもの。燃え上がるような思いであり、また、凍えるような思いでもあるもの。古今東西、恋について歌ったアリアのなかでも名歌の一つです。

伯爵夫人の勝利

　恋多き美少年ケルビーノが憧れる伯爵夫人は、このオペラの真の主人公ともいえる存在です。事の発端は、フィガロの婚約者スザンナに伯爵が手を出そうとしていることでした。スザンナはこの邸宅の女中であり、伯爵夫人のお世話係です。伯爵夫人としては、夫が自分のお世話係を誘惑しようとしていることを間近で見ているのです。スザンナは、伯爵は本気ではなく、愛しているのは夫人のことだけだと言いますが、伯爵夫人は、彼はもう自分のことを愛していないのかもしれないと思い悩みます。第2幕冒頭は、伯爵夫人（ソプラノ）のアリア「慰めの手を差し伸べてください、愛の神よ（Porgi, amor, qualche ristoro）」から始まります。クラリネットの二重奏に導かれ、伯爵の愛を返してくれるように神に願う祈りの歌です。

　伯爵の愛を確かめるために、伯爵夫人はスザンナと服を交換して、スザンナの代わりに闇夜の逢い引き現場に行くという計画を立てます。自分の女中の服を着て伯爵に会いにいくとはなんとつらいことでしょうか。以前の愛がある日々をも思い出して、伯爵夫人は第3幕でアリア「あの美しき日々はどこへ（Dove sono i bei momenti）」を歌います。

　伯爵夫人の計画に協力することにしたスザンナは、まず伯爵を今宵の逢い引きに誘い出さなければなりません。第3幕のスザンナ（ソプラノ）と伯爵（バリトン）による二重唱「ひどいぞ！なぜこんなに長く焦れさせていたのか？（Crudel! Perché finora farmi languir così?）」では、伯爵がスザンナにちゃんと夜の庭園に来てくれるんだな、と確認すると、つい「いいえ」と言ってしまうスザンナとの見事な掛け合いに注目です。確かに実際に逢い引きの現場に来るの

は伯爵夫人なので、スザンナはつい本当のことを口にしていることになります。

さらに、伯爵夫人とスザンナは、逢い引きする場所を指し示した手紙を伯爵に渡すことにします。二人のソプラノが、手紙を書きながら歌う第3幕の二重唱「そよ風によせて（Sull'aria...Che soave zeffiretto）」は、モーツァルトが作曲した音楽のなかでも最も美しい曲の一つです。この時点ですでに、伯爵夫人の勝利で終幕することを予感させます。伯爵夫人が勝利する第4幕のフィナーレもぜひ鑑賞してほしい名場面です。

他方の伯爵はというと……、従者のフィガロがまた何か企んでいるのではないかと疑いながら、権力者として勝手にはさせないと決意して歌う第3幕のアリア「私がため息をついている間に（Vedrò mentr'io sospiro）」で、さすがに堂々たる姿を見せます。バリトン歌手にとってもこの曲は、技術力と表現力が要求される難易度が高いアリアといえるでしょう。

スザンナが待つ恋人

フィガロとスザンナの結婚は、いったいどうなったのか。二人は第3幕で、無事に結婚式を挙げることができ、晴れて夫婦になります。しかし、フィガロはその夜に計画されている伯爵夫人とスザンナの罠については知りません。それどころか、その一部の情報だけをつかみ、誤解してしまうのです。フィガロが入手した情報は、今夜、スザンナが庭園の松の木の下で伯爵と密会するということだけ。つまり、そこに行くのがスザンナの服を着た伯爵夫人という部分については知らないのです。結婚式当日の夜に、花嫁がほかの男と二人きりで会おうというのですから、フィガロの怒りは想像に難くありません。新妻の浮気現場を押さえようと、フィガロは夜の庭園に行き、彼女を待ち構えます。第4幕のフィガロのアリア「目を大きく見開きたまえ（Aprite un po' quegli occhi）」では、女を信用しすぎ

るといつも裏切られると歌うのです。この湧き立つ感情は、3連符で次第に上昇する音型で表現されています。

　伯爵夫人とともに夜の庭園にやってきたスザンナは、少し離れた物陰にフィガロが潜んでいることを感じ取ります。スザンナはフィガロも庭園に来るという情報を得ていました。伯爵夫人は冷えるので一度部屋に戻ることにしますが、スザンナは松の木の下で少し休んでいくと言います。フィガロは暗闇で彼女の姿は見えませんが、聞き耳を立てています。その状況でスザンナはアリア「はやく来て、美しいよろこびよ（Deh vieni, non tardar, o gioia bella）」を歌います。スザンナとしては、自分が伯爵に浮気するなんてありえないことなのです。それなのにフィガロがそう思って誤解していることには少し不満です。彼の嫉妬心をあおるように“恋人”を待っている気持ちを歌にします。本当はフィガロへの愛情を歌っているにもかかわらず、その思いが強ければ強いほど、フィガロはそれが別人に向けられたものと思って苦しむのです。

バランスがいいアンサンブル

　それでは次に、オペラ『コジ・ファン・トゥッテ』の観どころや聴きどころを紹介していきます。最初にこのオペラで注目すべき部分は、登場人物の声域です。まずイタリアのナポリに住む姉妹の楽譜上の指定はソプラノですが、フィオルディリージ役はソプラノ、ドラベッラ役はメゾ・ソプラノが歌います。次に、フィオルディリージの恋人グリエルモ役はバリトン、ドラベッラの恋人フェルランド役はテノール。ここは、高低の組み合わせが逆になります。そして、姉妹に仕える女中のデスピーナ役はソプラノ、二人の男たちと賭けをする老哲学者のドン・アルフォンソ役はバス。登場人物は全部でこの6人です。つまり、ソプラノ2、メゾ・ソプラノ、テノール、バリトン、バスとすべての種類の声域がまるで作られたかのようにバランスよくそろっているのです。この『コジ・ファン・トゥ

ッテ』の台本はダ・ポンテの手によるものですが、原作は定かではなく、この物語はダ・ポンテの書き下ろしだったといわれています。音楽を重視した配役だったのかどうかは推測するほかありませんが、モーツァルトが作曲したこのオペラは、均衡を保った声による傑出したアンサンブルが特徴です。

物語は単純です。ナポリのカフェの店先で、フェルランドとグリエルモが老哲学者ドン・アルフォンソと言い争いをしています。若い二人は、彼らの恋人が自分たちを裏切るようなことは決してないと信じていますが、アルフォンソは、そんなことはない、人間なら女性でもふとした出来心はあると、彼らの純真さを笑います。そこで、どちらの言い分が正しいか賭けをすることになりました。

彼らの恋人たち、すなわち、フィオルディリージとドラベッラの姉妹は、第1幕の二重唱「ごらんになって、妹よ（Ah, guarda, sorella）」で、お互いの恋人がいかに凛々しくて気高いかを競い合います。特にこの曲には、心変わりをしたら私は罰せられるでしょうと歌う部分で、片方がロングトーンで1つの音を伸ばしている間、もう片方が上下行する旋律を歌う音楽的な面白さがあります。

三重唱、五重唱、六重唱

姉妹の貞節をどう試すのか。ドン・アルフォンソはまず、男性二人が急に戦争に行かなくてはならなくなったことにし、実際に船に乗って出発するふりをさせます。そのうえで彼らにひげを付けたり帽子をかぶせたりして変装させ、姉妹に別人として紹介して誘惑させようとするのです。姉妹に、恋人たちが急に戦争に行くことになったと伝える場面で、五重唱「私の足があなたのほうに（Sento, oh Dio, che questo piede）」となります。知らせを聞いて、大いにショックを受ける姉妹。フェルランドとグリエルモは、この様子を見たか、とアルフォンソの耳元でささやきます。しかし、アルフォンソは動じません。

二人を乗せた船が出航したあと、残された姉妹とドン・アルフォンソが歌う三重唱「風はさわやかに、波は静かに（Soave sia il vento, Tranquilla sia l'onda）」では、静かな風や波を表現したオーケストラの演奏のうえに、美しい歌の調和が重なります。このあとに起こる騒動のことを思えば、嵐の前の静けさのようです。

　ドン・アルフォンソは、変装した二人を姉妹に紹介する前に、女中のデスピーナを味方につけます。あらかじめ小遣いを与えておき、変装した二人が姉妹に近づけるように協力させるのです。フェルランドとグリエルモがひげを付け、帽子をかぶり、変装の用意が整い、アルフォンソとともに姉妹の家を訪問したところから六重唱「美しいデスピーナ嬢を紹介しよう（Alla bella Despinetta vi presento, amici miei）」が始まります。デスピーナは二人の変装に笑いながらも、うまく家に招き入れます。しかし、姉妹は怒ります。それもそのはず、恋人たちの出航を見送ったその当日なのです。登場人物の6人全員が集合して騒動がスタートします。

女はみんなこうしたもの

　もちろん最初は拒否した姉妹でしたが、第2幕になると少しだけ変化を見せます。女中のデスピーナは、部屋で姉妹の世話をしながら、もっと女らしく恋を気軽に楽しんでとアリア「女も15歳になったなら（Una donna a quindici anni）」を歌います。すると姉妹は、もし選ぶならこっちの人かしら、と話し始めるのです。再び姉妹の二重唱「私はあの黒髪のほう（Prenderò quel brunettino）」となりますが、第1幕の姉妹の二重唱に比べて、その気持ちが変化している様子を楽しむことができます。

　ここから、フェルランドとグリエルモは、1対1で姉妹を口説き落とすことになります。お互い、相手の恋人にアプローチします。まずフェルランドの恋人ドラベッラにはグリエルモが言い寄ります。メゾ・ソプラノとバリトンの二重唱「この心をあなたにささげます

（Il core vi dono）」で、グリエルモは、ドラベッラのロケット（恋人の絵姿入り）を見事に奪い取り、かわりにハートのペンダントを彼女に贈りました。あとで激怒したのはもちろんフェルランドです。

　また、グリエルモの恋人フィオルディリージにはフェルランドが言い寄ります。ここは、ソプラノとテノールの二重唱「もうすぐ彼の腕のなかに（Fra gli amplessi in pochi istanti）」になります。この曲では、二人のやりとりに合わせて、速度記号がアダージョ、コン・ピウ・モート、アレグロ、ラルゲット、アンダンテと次々と変化します。どちらかといえば、姉妹のうちこのフィオルディリージのほうが恋人への誠実な思いが強かったものの、心の奥の動きに抵抗できず、ついには陥落しました。この様子を見ていたグリエルモはやはり激怒します。

　残念な結果になって自暴自棄になるフェルランドとグリエルモ。しかし、ドン・アルフォンソはアリア「男はみんな女を責めるが（Tutti accusan le donne）」を歌い、その最後で彼らに言います。「女はみんなこうしたもの」と。

モーツァルトの生涯とオペラ

　モーツァルトは1756年1月27日、ザルツブルクに生まれ、宮廷音楽家の父レオポルトから音楽の手ほどきを受け、5歳で作曲を始めました。6歳のウィーン旅行では女帝マリア・テレジアに謁見して御前演奏をおこないます。67年（11歳、括弧内の年齢は周年で表記。以下、同）に『第1戒律の責務』『アポロとヒュアキントス』という最初のオペラを作曲し、また、ジングシュピールの『バスティアンとバスティエンヌ』を作曲しました。70年（14歳）、イタリアのミラノ宮廷劇場でオペラ・セリアの『ポント王ミトリダーテ』が初演され、これが成功を収めます。

1778年（22歳）、母親とパリに在住しますが、このとき突然母を病気で失いました。失意のモーツァルトでしたが、81年（25歳）にミュンヘンで上演された『イドメネオ』でオペラ創作の実力は大きな進歩を遂げます。このころ、ザルツブルク大司教との確執が強まり、ウィーンに出てフリーの音楽家として再出発します。ウィーンではピアノを教えて収入を得ながら、ドイツ語のオペラ『後宮からの逃走』を初演しました。また、この地では82年（26歳）、以前恋をしていた歌手の妹で、同じく歌手をしていたコンスタンツェと結婚します。二人の間には6人の子が生まれますが、そのうち4人は幼くして亡くなりました。86年（30歳）にウィーンのブルク劇場で初演された『フィガロの結婚』は翌年のプラハ公演でも人気を博し、同地で引き続き『ドン・ジョヴァンニ』も初演して成功します。この間にザルツブルクで父が亡くなりました。

　その後、皇帝ヨーゼフ2世の依頼で『コジ・ファン・トゥッテ』、皇帝レオポルト2世の戴冠式祝祭用のオペラ・セリア『皇帝ティートの慈悲』を完成させます。また、アウフ・デア・ヴィーデン劇場の興行主エマヌエル・シカネーダーの依頼で『魔笛』を初演しますが、モーツァルトはその年の1791年12月5日に35歳の若さで世を去りました。

モーツァルトのオペラ以外の歌

　交響曲でもオペラでも、すべての分野で成功したモーツァルトですので、『レクイエム（Requiem K.626）』『戴冠ミサ曲（Krönungs-Messe K.317）』「アヴェ・ヴェルム・コルプス（Ave verum corpus K.618）」などの声楽曲、ソプラノ独唱による「エクスルターテ・ユビラーテ（Exsultate, Jubilate K.165〔158a〕）」など、どれも傑作ぞろいです。おすすめしたいのは「すみれ（Das Veilchen K.476）」などの歌曲で、「クローエに（An Chloë

K.524)」「春への憧れ（Sehnsucht nach dem Frühlinge K.596)」の
ほか、「夕べの思い（Abendempfindung K.523)」の世界観を味わ
いたいところです。

第2章
ロッシーニのオペラ

1 名作Pick Up『セビリャの理髪師』

オペラ・ブッファの代表作

　本章で取り上げるジョアッキーノ・ロッシーニ（1792-1868）のオペラ『セビリャの理髪師』は、オペラ・ブッファに属します。すなわち、喜劇のオペラです。『セビリャの理髪師』はロッシーニのオペラ・ブッファの代表作であり、さらにはオペラ・ブッファというジャンルのなかの代表作ともいえるでしょう。

　『セビリャの理髪師』というタイトルからもわかるように、スペインのセビリャの理髪師が主人公の一人ですが、理髪師の名前はフィガロです。フィガロといえば、モーツァルトの『フィガロの結婚』を連想する人が多いでしょう。そのとおり、そのフィガロと同一人物です。フィガロは、モーツァルトのオペラのなかでは伯爵と伯爵夫人にお仕えする使用人であり、同じ伯爵邸で働くスザンナと結婚するのですが、今回の『セビリャの理髪師』の舞台は、そのときよりもっと前の話。スザンナとはまだ出会っていません。伯爵邸の使用人でもありません。ロッシーニのオペラでは、フィガロと伯爵は、お互いのことを知っている……くらいの関係。その伯爵がどのように夫人と結ばれたのかを描いているのがこの作品です。

　なぜ同じ登場人物が現れるかというと、これらのオペラの原作は、カロン・ド・ボーマルシェという人の戯曲で、これが3部作なので

す。1作目が『セビリャの理髪師』、2作目が『フィガロの結婚』。そして、これはあまり知られていませんが、3作目は『罪ある母』という作品です。この3部作の戯曲をもとに、ロッシーニとモーツァルトという二人の天才作曲家が、その後、200年以上にわたって世界中で上演され続けるオペラを作曲しました。この2つのオペラをセットで楽しむことができるのも大変うれしいことです。

セビリャの理髪師ことフィガロ

それでは、このオペラを楽しむ最初の一歩として、タイトルロール（表題役）のセビリャの理髪師ことフィガロのアリアを聴いてみましょう。

> 第1幕　第2番　フィガロのアリア
> 「私は町の何でも屋」
> Act 1："Largo al factotum della città!"（Figaro）　　　　［4：15］

この時代のオペラでは、登場人物が簡単なアリアを自己紹介として歌う場面を用意していることが多いのですが、こうしたアリアは「登場のカヴァティーナ」と呼ばれます。カヴァティーナとは、旋律的で簡単なアリアの意味です。このフィガロの登場シーンは、フィガロが舞台に颯爽と登場することで有名です。舞台裏から「ララ……」と歌いながら入ってくる。そして、自分がセビリャで随一の何でも屋であることを誇らしげに歌います。

このフィガロのアリア、先ほど自己紹介の簡単なアリアといいましたが、実は歌うことは技術的に難しいのです。フィガロは中声域のバリトンの役ですが、バリトンにしては高い音が出てきます。そして早口でまくし立てる。当時の理髪師は何でも屋に近く、フィガロはアリアの歌詞のなかで、フィガロと呼ばれればすぐに応えると説明し、「おい、フィガロ」「はい、こちらに」、「こっちだ、フィガ

ロ」「はい、ただいま」というように、何でも屋として大忙しの様子を再現して歌ってみせます。

　なお、この難曲を当時、作曲者のロッシーニ自身がサロンでよく歌っていたそうです。オペラのヒットメーカーだったロッシーニ。何でも屋ではないにせよ、あっちからもこっちからもオペラを書いてくれと言われて大忙しだったかもしれません。

行動する女性ロジーナ

　このオペラでフィガロが請け負うのが、アルマヴィーヴァ伯爵の恋の手助け。伯爵はセビリャに住む美しい娘ロジーナに一目惚れをしてこの地にやってきたのですが、このロジーナは両親を若いうちに亡くし、後見人である医者バルトロの邸宅に閉じ込められています。バルトロはロジーナと結婚して、ロジーナがもつ莫大な遺産をも手に入れようとしているのです。

　かわいそうな境遇のロジーナ。そこで、伯爵とフィガロによるロジーナの救出劇が始まります。このようなとき、救われるヒロイン役は、物語のなかで助けを待つ弱い存在として描かれることが多いはずです。しかし、ここがこのオペラの観どころの一つなのですが、ロジーナはそんなステレオタイプのヒロインではありません。それはロジーナが登場する際に歌うアリアを聴けばわかります。

　　第1幕　第5番　ロジーナのアリア
　　「いまの歌声は」
　　Act 1 : "Una voce poco fa"（Rosina）　　　　　　　　［6：30］

　この曲は、フィガロのときと同様、主役級の登場人物が舞台に出てきたときに自己紹介として歌うカヴァティーナです。このアリアは、比較的軽い声をもつメゾ・ソプラノにとって重要なレパートリーになっています。

軽快なオーケストラの伴奏に乗って、ロジーナは愛する伯爵への愛を歌います。後見人のバルトロにじゃまをされても、最後にはきっと愛は成就するはず……。ただ、これだけなら普通のアリアですし、救出を待つ普通のヒロインであるだけです。

　ロジーナがメゾ・ソプラノの役として魅力的なのは、このアリアの後半部分にあります。ロジーナはアリアの後半で「だけど、もし……」と言いながら、弱みにつけこむなら私は毒蛇にもなって、あらゆる策略を用いてやり遂げてみせると宣言するのです。恋の成就のためなら手段は選ばない、という強い気持ちをはっきりと表明します。ロジーナ役は単に美しく可憐なヒロインなのではなく、行動する女性像をその魅力として強く打ち出しているのです。

　ちなみに、オペラでは歌手がアリアを歌ったあと、客席から大きな拍手が起こって、しばらく劇の進行が中断することがあります。特に素晴らしい歌唱のあとは、拍手が長く続くことがあります。そして、拍手が静まったあとに再び音楽が開始されるわけです。このアリアを歌い終わったロジーナにも大きな拍手が起こります。注目すべきは、ロジーナが拍手のあとに舞台で発する最初の歌詞。それは、「ええ、そうよ、私は勝ってみせますよ」という独り言なのです。この歌詞、舞台にはほかに誰もいないので確かに独り言なのですが、あたかも客席からの拍手に呼応しているかのような珍しい独り言です。

女性の心は理解できるのか

　この登場場面でロジーナは、その手に手紙を握りしめています。この手紙も行動するロジーナの性格をよく表しているアイテムです。伯爵がロジーナのことを射止めようとしているだけでなく、ロジーナも家の外にいる青年のことを気にしていました。ロジーナはこの青年が自分のことを好きなのかどうか、フィガロから聞き出そうとします。フィガロは、ええ、そうですよ、その青年の恋の相手はあ

なたですよ、とロジーナに伝えました。

　ロジーナは、それでは彼と話をするにはどうしたらいいかと再びフィガロに問います。フィガロはロジーナにその青年宛ての手紙を書くように勧めました。そうすれば、フィガロもロジーナの気持ちを伯爵に届けることができます。でも、ロジーナは、どう書いたらいいのかわからないとか、恥ずかしいとか言って渋るわけです。フィガロは、もう焦れったい、早く手紙を書いて、と要求します。すると、実はロジーナはもう書き終えた手紙を持っていて、それを胸元から取り出して「はい、どうぞ」とフィガロに渡しました。フィガロはロジーナのこの行動に驚いて「誰が女性の心を理解できるだろうか」と歌います。ロジーナの積極的な性格をよく表したこの場面が二重唱になっています。

　　第1幕　第7番　二重唱（ロジーナ、フィガロ）
　　「それは私のこと──嘘ではないのね？」
　　Act 1：“Dunque io son... tu non m'inganni？”（Rosina, Figaro）［5：15］

心を音楽で描写するロッシーニ

　それでは、ロジーナを射止めようとしているアルマヴィーヴァ伯爵とは、どのような人物なのでしょうか。まず伯爵は、ロジーナに対して、名前や身分を隠して近づきます。伯爵の称号や財産ではなくて、自分自身のことを愛してくれるかどうかを確かめるためです。このオペラは、伯爵が楽師たちを従えて、夜明けにロジーナの部屋の窓の下でアリアを歌う場面から始まります。伯爵の登場のカヴァティーナからオペラが始まるのです。

　　第1幕　第1番　伯爵のアリア
　　「空では曙光がほほえみ」
　　Act 1：“Ecco, ridente in cielo”（Count Almaviva）　　　　［5：00］

このアリアは美しく包容力があり、さすが伯爵の堂々とした人柄がしのばれます。貴族である彼の自信が表れているかのようです。

　ただし、伯爵の描写もこんな単純なものではありません。オペラが進むと、ロジーナから名前と身分を教えてほしいというリクエストが届きます。部屋に閉じ込められているロジーナのために、フィガロは伯爵に歌（カンツォーネ）を歌うように勧めます。歌に乗せて、貧しくてお金はないけれど、誠実な心をもっていることを伝えようというのです。

　このオペラの原作であるボーマルシェの戯曲では、この場面でフィガロからギターを渡された伯爵が、そのギターをうまく弾けるか心配します。ロジーナが聴いていると思うといつもとは異なる感情が入るものです。オペラでは伯爵がこのように心配する台詞は削除されているのですが、作曲者のロッシーニは、これを音楽で表現しています。実際に伯爵が歌う場面で、彼が少し緊張している様子を、短調のメロディーをもつ音楽として描写しているのです。堂々とした登場のアリアとの違いを感じてみてください。

▌第1幕　第3番　伯爵のアリア
▌「私の名を知りたければ」
▌Act 1："Se il mio nome saper voi bramate"（Count Almaviva）［3：15］

現代社会を先取りするアリア

　さて、このオペラにはもう一人、重要な登場人物がいます。その名はドン・バジリオ。ロジーナの後見人でありながらその遺産を奪おうと企む医師バルトロの忠実な僕です。彼はロジーナの音楽教師という身分です。いま、バルトロに忠実といいましたが、正しくはお金に忠実といったほうがいいかもしれません。お金のためならどちらにでもつく。何でもする。すなわち喜劇のなかでは、悪役の手

先として典型的な人物です。

　ドン・バジリオは男声のうち最も低いバスの役です。このオペラ
『セビリャの理髪師』には、バス歌手にとって欠かせないレパート
リーになっているアリアがあります。

▌第1幕　第6番　ドン・バジリオのアリア
▌「陰口はそよ風のように」
▌Act 1：“La calunnia è un venticello”（Don Basilio）　　　　［4：15］

　ドン・バジリオは、伯爵がロジーナを追ってこの地セビリャにや
ってきたことをバルトロに伝えます。ロジーナと結婚して遺産を手
に入れようとしているバルトロにとっては、じゃま者が現れたわけ
です。そこで、ドン・バジリオは、伯爵を4日以内に追い払ってみ
せましょう、とバルトロにささやきます。どうやってやるのかとい
うと、何か作り話を仕込んで社会の笑い者にしてこの町にいられな
いようにするというのです。

　陰口はそよ風のようなもの。最初は静かに、吹いているのがわか
らないくらい静かに吹き始めますが、陰口は人々に伝わるうちに次
第に大きくなり、ついには聞く人をぞっとさせるくらいに膨れ上が
って爆発する！……そんなふうにドン・バジリオは歌います。

　これを聞いたバルトロは「しかし、時間がかかりすぎる」と言っ
てこの謀略を実行に移すことをやめるのですが、このアリアはイン
ターネット・SNS時代の現代に通じる、いや、むしろSNS時代に
ふさわしい意味をもつようになりました。現代では、ドン・バジリ
オの謀略は、SNSを介して瞬時のうちに効果を発揮するにちがい
ありません。

　このアリアを作曲したロッシーニは、陰口が次第に大きくなりつ
いには爆発する様子を音楽で描写するために、クレッシェンドをう
まく使いました。単純な音型を繰り返しながら、少しずつクレッシ

ェンドをかけていき、聴いている人の気分が高揚していくように盛り上げていきます。特にロッシーニが得意としたこの作曲技法は「ロッシーニ・クレッシェンド」と呼ばれています。このアリアでは、歌詞の内容にもよく合っていて、この技法が効果的に使われています。

オペラ・ブッファの楽しみ

　以上のような個性的な登場人物が躍動するオペラ『セビリャの理髪師』は、ロッシーニの代表作、さらにはオペラ・ブッファというジャンルの代表作として現在まで世界中のオペラハウスで上演されてきました。ロジーナとアルマヴィーヴァ伯爵の恋の成就の行方、そしてフィガロの活躍ぶりなど観どころや聴きどころが多いオペラです。本章の最後に、前述の登場人物5人が勢ぞろいした喜劇らしい楽しいアンサンブルの場面を紹介します。

> 第2幕　第13番　五重唱（ロジーナ、伯爵、フィガロ、バルトロ、ドン・バジリオ）
> 「ドン・バジリオ！　なんということだ！」
> Act 2 : "Don Basilio!...Cosa veggo!" (Rosina, Count Almaviva, Figaro, Bartolo, Don Basilio)
> 　　　　　　　　　　　　　　　　　　　　　　　　　　　[11：00]

　バルトロ邸に閉じ込められているロジーナ。伯爵はなかなか彼女に会うことができません。フィガロはバルトロ邸の何でも屋として出入りできるのですが、伯爵はそうもいかないのです。怪しまれずにバルトロ邸に入るためにはどうすればいいのか。ここで伯爵は音楽教師の姿に変装します。そして、バルトロに対して、ドン・バジリオは熱が出て具合がよくないので、弟子の自分が代わりに来たということにしたのです。これなら、ロジーナが歌の稽古をする間、彼女に接近することができます。

疑い深いバルトロですが、フィガロの協力もあって、伯爵はうまく家のなかに入ることができました。ロジーナに会うことができた伯爵は何とかこの家から逃げ出す手はずを整えようとします。

　そのときです。突然、ドン・バジリオが「ご機嫌いかが」と言ってバルトロ邸に現れます。まさに、喜劇にふさわしい展開といえるでしょう。面白いことが起こるのは必然です。バルトロは気を使って「先生、気分はいかがですか」と大真面目に尋ねますが、元気なドン・バジリオは驚くばかり。今度はフィガロと伯爵に「顔色が悪いですよ」と言われて、困惑します。フィガロと伯爵は無理やりにでも彼を病人に仕立て上げたいわけです。納得がいかないドン・バジリオでしたが、伯爵がひそかに彼の懐にお金を入れて「さあ、薬を飲んで。家に帰って寝ていて！」と言います。お金は元気なドン・バジリオにも良薬でした。こうして、やっとのことでドン・バジリオを追い出すことに成功します。

　後半は、1人減って四重唱になります。まず伯爵とロジーナのペアは音楽の稽古をしているふりをして真夜中にこの家を逃げ出す相談をします。フィガロは、ここは理髪師らしく、バルトロのひげを剃ることでバルトロの注意をよそに向けさせようという作戦です。しかし、バルトロはフィガロの隙をついて伯爵とロジーナの会話に聞き耳を立て、伯爵が変装していることを見破ります。激高するバルトロをよそに、伯爵とフィガロはあっという間にバルトロ邸から逃げ出しました。

　オペラ『セビリャの理髪師』には、個性的な登場人物、ストレートに笑える仕掛けが施された物語、そして天才ロッシーニが作曲した明晰で軽快な音楽がぎっしりと詰まっています。たまにはこんな楽しいオペラ・ブッファを観て、笑ってみるのはいかがでしょうか。最後に、ボーマルシェの原作から、フィガロと伯爵のやりとりを引用して、本章をおしまいにします。

伯爵「誰からそんな陽気な哲学を習ったんだ?」

フィガロ「日頃の不幸からでございますよ。涙するのが嫌なばかりに、なんでも急いで笑い飛ばすんで」

（出典：ボーマルシェ『セビーリャの理髪師』鈴木康司訳〔岩波文庫〕、岩波書店、2008年、19ページ）

ロッシーニの生涯とオペラ

　ロッシーニは1792年2月29日、イタリアのペーザロで、トランペット奏者の父とソプラノ歌手の母の一人息子として生まれました。幼少期から天才的な音楽的才能を見せ、ボローニャ音楽院でチェロ、ピアノ、作曲を学びます。1810年（18歳）、ヴェネツィアの劇場からの依頼で、最初のオペラ『結婚手形』を発表し、以後、その生涯で計39作のオペラを作曲しました。ミラノ・スカラ座から依頼を受けて作曲したオペラ・ブッファ『試金石』で成功し、同じくオペラ・ブッファでは『イタリアのトルコ人』『アルジェのイタリア女』『セビリャの理髪師』『チェネレントラ』などのヒット作で名声を得ます。また、ヴェネツィア・フェニーチェ劇場からの依頼で、初めて本格的なオペラ・セリア『タンクレディ』を書き、大成功を収めました。オペラ・セリアではほかにも『オテロ』『湖上の美人』『セミラーミデ』などの人気作を作曲しています。

　しかし、1829年（37歳）、フランスのパリでグランド・オペラ『ウィリアム・テル』を発表してから筆を折り、ぴたりとオペラを作曲しなくなりました。なぜかは不明であり、体調不良、母の死、十分な資産を得たこと、力に限界を感じたことなど様々な理由が伝えられています。

その後、ボローニャに戻り、1839年（47歳）、ボローニャ音楽院の名誉院長に就任しました。また、46年（54歳）に元娼婦オランプ・ペリシェと再婚しました。病気の治療のために再びパリへ移ると、ロッシーニはそこで悠々自適の生活を送り、毎週土曜日には著名人を招いて美食の晩餐会、それに続く私的演奏会を催すなどしたそうです。

　1868年（76歳）11月13日、パリ郊外で亡くなりました。

ロッシーニのオペラ以外の歌

　37歳で最後のオペラ『ウィリアム・テル』を作曲したあと、なぜかオペラを書かなくなったロッシーニは、それでも晩年に『スターバト・マーテル（Stabat Mater）』『小荘厳ミサ曲（Petit messe solennelle）』などの声楽曲を残しました。ロッシーニのオペラを楽しんだ人にぜひ聴いてほしいのは、歌曲集『音楽の夜会（Soirées musicales）』の8曲目「踊り（La danza）」です。快活なこの歌曲は別名ナポリのタランテラと呼ばれます。タランテラは急速な8分の6拍子で情熱的な舞曲のことです。

†

Column 1

ベルカント・オペラ

　本書の序章で、オペラは当初、イタリア語の台本に作曲されたイタリア・オペラが中心だったと紹介しました。モーツァルトの時代もそうでしたし、ロッシーニの時代もまたそうでした。ロッシーニに続くイタリア・オペラの代表的作曲家は、ガエターノ・ドニゼッティ（1797-1848）とヴィンチェンツォ・ベッリーニ（1801-35）です。

　この二人の作曲家が活躍した19世紀初頭は、その後にイタリア・ロマン派オペラの巨匠ジュゼッペ・ヴェルディ（第5章「ヴェルディのオペラ」を参照）がオペラの劇的な要素を強く打ち出す作品を次々と発表する前の過渡期に位置します。「ベルカント唱法」と呼ばれるオペラを歌うためのイタリアの正統な発声法を駆使して大型のアリアが歌われるなど、歌の力が重視されていました。こうしたことからドニゼッティやベッリーニのオペラは「ベルカント・オペラ」と呼ばれています。

　ベルカント・オペラには、オペラ歌手の歌唱技術を披露する聴かせどころがたくさんあります。そのうえで、彼らはお互いのオペラ作品から影響を受けながら、歌中心から次第に劇的要素も加味したオペラの作曲を模索します。イタリア・ロマン派オペラの導入の役割を果たすのです。

　ドニゼッティのほうが4つ年上ですが、ベッリーニが先にオペラ作曲家として成功を収め、33歳の若さで亡くなっています。そのベッリーニの最高傑作といわれるオペラが『ノルマ』です。巫女のノルマは、敵国ローマの総督ポリオーネとひそかに通じて子どももうけていました。しかし、すでに彼の心は、若い尼僧のアダルジーザに移っていたことから三角関係の悲劇が生まれます。第1幕の

ノルマが登場する場面でノルマ役のソプラノ歌手が歌うアリアが「清き女神（Casta Diva）」です。特に前半（カヴァティーナ部分）、ベッリーニが作曲した流麗な旋律線が聴きどころで、フルートの前奏に導かれて巫女であるノルマが夜空に光る月に祈りをささげます。

　また、このオペラには、第2幕でノルマとアダルジーザ（メゾ・ソプラノ）による長大な二重唱「お願い、子どもたちを連れていって（Deh! con te li prendi）」があり注目です。中間部の「ごらんください、ノルマ（Mira, o Norma）」から二人の声が3度（「ド」と「ミ」の幅）の音程で調和します。まさにベルカント唱法の技量が試される部分といえるでしょう。

　他方、ドニゼッティのほうは、70作以上のオペラを作曲した速筆で知られるオペラ作曲家でしたが、名声を得たのはベッリーニよりも遅く、すでに30作以上を作曲したあとのこと。ドニゼッティの評価の確立は、『アンナ・ボレーナ』が初演されるまで待たなければなりませんでした。出世作になった『アンナ・ボレーナ』の第2幕には、タイトルロールの王妃アンナ（ソプラノ）による狂乱の場「私が生まれたあの城に（Piangete voi? …Al dolce guidami castel natio）」があり、ここでもベルカント唱法による高度なテクニックが求められます。

『アンナ・ボレーナ』のあとも多くのオペラを作曲したドニゼッティは、悲劇ばかりを書いたベッリーニと異なり、喜劇的オペラでも名作を残しました。その一つが『愛の妙薬』です。純真無垢な若い農夫ネモリーノ（テノール）は、いかさま薬売りから本当は安物ワインでしかない愛の妙薬を手に入れます。これで村一番の器量がいい娘アディーナ（ソプラノ）の心も射止められると、この妙薬を飲んで上機嫌になったところに彼女がやってきます。ここで二人が歌うのが「ラララの二重唱」と呼ばれる「素晴らしい妙薬！──ララ、ラララ！（Caro elisir! sei mio!…La rà, la rà, la lera!）」です。不思議なことに偽りの薬でも自信だけはつきますし、アディーナも少し変

わったネモリーノのことが気になり始めます。

　この『愛の妙薬』では、ネモリーノ役のテノール歌手にとって第2幕で歌うアリア「人知れぬ涙（Una furtiva lagrima）」が最大の聴かせどころです。たわいもない喜劇のなかに、ファゴットのソロに導かれる哀愁を帯びた旋律が差し込まれて、印象的な場面を形作っています。

第3章
ウェーバーのオペラ

1 名作Pick Up『魔弾の射手』

ドイツのロマン派オペラ

　カール・マリア・フォン・ウェーバー（1786-1826）の代表作であるオペラ『魔弾の射手』は、ドイツのロマン派オペラの基礎になった重要な作品として、オペラ史に燦然とその名を残しています。ドイツのオペラについては、本書の序章でモーツァルトがドイツ語のオペラを作りたいと考えていたことを紹介しました。『魔笛』は、モーツァルトがドイツ語によるオペラの発展の可能性を示したものといえるでしょう。

　その後には、ルートヴィヒ・ヴァン・ベートーヴェン（1770-1827）がオペラ『フィデリオ』を発表しました。この作品は、フランスで流行した救出オペラ（囚われた主人公がラストで救われるオペラ）の形をとり、また、舞台がスペインであることなど、劇作としてまだドイツの独自色が薄い部分があります。とはいえ、ドイツ音楽文化を代表するベートーヴェンの唯一のオペラとして、『フィデリオ』もドイツ・オペラの形成に大きく寄与しました。

　『魔弾の射手』を作曲したウェーバーは巡業劇団を率いる父のもとで劇やオペラに親しみ、また、音楽的才能を育みながら成長します。プラハに招かれて音楽監督になった際には、オペラハウスの演目としてベートーヴェンの『フィデリオ』をいち早く取り上げました。

ウェーバーは、ナポレオン時代の流れからドイツの国民感情を自覚していきます。

　プラハのあと、ウェーバーはドレスデンでも音楽監督を引き受けます。しかし、ドレスデンは保守的な土地であり、伝統的なイタリア・オペラやフランス・オペラの支持者が多くいました。そこでウェーバーは、新興のドイツ・オペラを支持する層がいたベルリンに目を向けます。そのベルリンで満を持して発表したのが『魔弾の射手』です。

　このオペラは、ドイツの古い伝説をもとにした物語であり、また、ドイツの国民になじみ深い「森」を舞台にするなど、ドイツ色を強く打ち出しています。ドイツのロマン派オペラは『魔弾の射手』によって第一歩を踏み出すことができました。その意味でも、このオペラの「序曲」をまず聴いてみたいところです。

　　「『魔弾の射手』の序曲」
　　"Der Freischütz, Overture"　　　　　　　　　　　　　　　　[9：45]

　最初の8小節は、物語の始まりの雰囲気を漂わせ、続くホルンによる四重奏は、聴く者を森のなかに誘い込みます。これは『魔弾の射手』の序曲ですが、あたかも深遠なドイツ・オペラ全体の始まりを示しているかのようです。

森林保護官のしきたり

　この物語の主人公は、若き狩人のマックス（テノール）。彼は、ボヘミアの森林保護官クーノーの部下という設定です。マックスの射撃の腕は、遠くまで名が知られるほどでした。そして彼は、森林保護官クーノーの娘アガーテと相思相愛の仲であり、彼女と結婚していずれは保護官の職を継ぐことが期待されています。

　しかし、マックスの顔色は優れません。この1カ月間、鳥の羽1

枚も取れないほど弾が当たっていなかったのです。普段であればスランプでしばらく調子を落としていたということですむかもしれませんが、マックスにとって大切な射撃大会が明日に控えていました。

　その射撃大会は婚礼の日に実施されます。ボヘミアの領主から世襲の森林保護官の地位を与えられたクーノー家には、代々伝わる約束事がありました。それはクーノー家の後継者は、婚礼の日に、領主の前でその射撃の腕を披露する必要があったのです。それをもって領主から結婚と保護官の地位が認められるというものでした。弾が全く当たっていないマックスは、射撃大会がある明日がくることを恐れているのです。第1幕でマックスが歌うアリアでは、途中で婚約者アガーテへの想いを語りますが、その想いが強いほど悩みと苦しみが深くなる様子が描かれています。

▌第1幕　第3番　マックスのアリア
「この苦しみは希望を奪い──森を通り、野を越えて」
Act 1："Nein, länger trag' ich nicht die Qualen... Durch die Wälder, durch die Auen"（Max）　　　　　　　　　　　　　　　　［6：45］

呪われた魔弾

　暗い顔をしているマックスのことをこれ幸いと見ている者がいます。同じクーノーの部下の狩人カスパール（バス）です。この男もかつてアガーテに言い寄っていましたが、アガーテはカスパールの邪悪な心を察していて、マックスには彼に気をつけるようにという忠告もしていました。

　カスパールは、誰もいないときを見計らってマックスに銃を渡します。そして弾が届かない高さで飛んでいる鳥を指差し、「あれを狙って撃ってみろ」と言うのです。おかしなことを言うなと拒むマックスに無理やり銃を撃たせると、見事に当たりました。マックスは驚きます。これは何だ、何が起こったのかと。カスパールはここ

で「魔弾」の存在をマックスに話します。

　魔弾とは、6つの弾はすべて当たるが7つ目の弾は悪魔が決めた的に当たるという呪われた弾です。カスパールは、悪魔と契約し、この魔弾を手に入れていました。カスパールが生き延びるためには、別の犠牲を悪魔にささげなければなりません。それをマックスにしようと企んでいました。カスパールは、マックスの7つ目の弾を花嫁に当てれば、彼とさらには花嫁の父も絶望する……と、悪魔に説明したのです。

　カスパールはマックスに、明日の射撃大会には魔弾が必要なのではないか、さもないと保護官の地位もアガーテも失うことになるとささやきます。マックスの弱みにつけこみ、悪魔の契約に誘い込もうとしたのです。

　カスパール役は典型的な悪人です。第1幕のアリアでは、魔弾を鋳造するため夜中の12時に「狼谷」に来るようマックスに伝え、それを誰にも言うなと命じます。誰かが彼に忠告してじゃまが入ることがないように、マックスを確実に地獄の網で捕らえようとするのです。このアリアは恐ろしい雰囲気をもつ楽曲で、なおかつバス歌手に難しいパッセージを歌うことを要求します。

> 第1幕　第5番　カスパールのアリア
> 「誰にも言うな、お前に誰も忠告しないように」
> Act 1："Schweig, schweig, damit dich niemand warnt"（Kaspar）
>
> ［3：15］

　絶望の淵にあるマックス。彼の上司であり、また、将来は義父になるはずのクーノー（バス）は、マックスに勇気をもてと言って励まします。それを横から見ていて、マックスを地獄へ道連れにしようとしている同僚のカスパール。三者三様の立場をそれぞれ歌う男声による三重唱も聴きどころの一つです。村人やほかの狩人などの

合唱を伴い、オペラらしい場面が展開します。

> 第1幕　第2番　三重唱（マックス、クーノー、カスパール）と合唱
> 「おお、この太陽が」
> Act 1 ："Oh, diese Sonne"（Max, Kuno, Kaspar, Chorus）　　　[6：45]

魔弾の鋳造

　マックスは、カスパールに誘われるがまま狼谷に向かいます。ここでカスパールは、悪魔のザミエルを呼び出し、魔弾を鋳造します。悪魔のザミエル役は歌を歌わない語りだけの役です。この場面は、第2幕のフィナーレとして形成されていて、狼谷の不気味な情景を描写するオーケストラの伴奏のうえで、歌や地の台詞が交錯しながら進みます。これはメロドラマと呼ばれるオペラでは珍しい形式であり、ドイツのジングシュピールの流れをくむものです。

　魔弾の鋳造に必要なのは、鉛、教会の割れた窓ガラスを粉にしたもの、水銀、命中した弾3つ、ヤツガシラの右目、ヤマネコの左目、そして魔弾への祈りです。

> 第2幕　第10番　フィナーレ（魔弾の鋳造部分）
> （マックス、カスパール、ザミエル〔語り〕、合唱）
> 「闇を守る射撃者よ」
> Act 2 ："Schütze, der im Dunkeln wacht"（Max, Kaspar, Samiel, Chorus）　　　[4：30]

　マックスが怯えて見ている前で、カスパールは1つ、2つと数えながら魔弾を鋳造していきます。その間、鋳造釜の煮えたぎる音や鳥の羽ばたき、野犬の吠え声、狩人の亡霊たち、嵐、稲妻など、7つを数えるまでに恐ろしい現象が音楽で描写されるのです。作曲したウェーバーの多彩なオーケストレーションによって見事な場面が

作られています。最後に現れたのは悪魔のザミエル。彼はしっかりとマックスの手を握っていました。マックスは悪魔と契約を交わし、魔弾を手に入れたのです。

アガーテの祈り

　魔弾に心を奪われたマックスですが、彼のことを気にかけているのは婚約者のアガーテ（ソプラノ）です。婚礼の日を明日に控えた夜、彼が射撃大会で結果を残し、幸せな日がやってくることを期待してアリアを歌います。月の光に照らされて、美しい夜に祈るアガーテの印象深いアリアです。

> 第2幕　第8番　アガーテのアリア
> 「あの人を知らなかったとき——静かに、敬虔な調べよ！」
> Act 2 : "Wie nahte mir der Schlummer... Leise, leise, Fromme Weise!"
> （Agathe）　　　　　　　　　　　　　　　　　　　　　　[8 : 30]

　このアリアは、静かな祈りだけでなく、後半ではマックスへの愛とその喜びをも表現しています。その旋律は、序曲でもはっきりと演奏されたテーマであり、このオペラ全体を通した"愛の讃歌"だといえるでしょう。
　しかし、アガーテは不安を感じています。婚礼の前日、森で敬虔な隠者と会ったとき、何かわからない大きな危険がアガーテの身に迫っているので注意しなさいと言われていました。そして、この隠者から清められた白いばらを受け取ったのです。最近、マックスの射撃の調子が上がらないことは知っていました。婚礼を明日に控えて心配は募ります。
　アガーテの傍らで、不安な様子の彼女を励ますのは、いとこのエンヒェンです。エンヒェンはアガーテよりも軽い声質をもったソプラノで、その快活な性格がアガーテと対照的に描かれます。恋する

男女を歌うエンヒェンの小さなアリアも聴いてみてください。

> 第2幕　第7番　エンヒェンのアリア
> 「すらりとした若者がやってきたら」
> Act 2 : "Kommt ein schlanker Bursch gegangen"（Ännchen）　［3：45］

　婚礼の日を迎えたアガーテは、白い花嫁衣装に身を包み、神に祈りをささげます。このアリアでは、チェロがオブリガート（助奏）としてアガーテの歌唱に付き添います。やがてくる困難なときを前にして、それでも落ち着いた敬虔な気持ちが伝わってきます。

> 第3幕　第12番　アガーテのアリア
> 「雲に覆われていても」
> Act 3 : "Und ob die Wolke sie verhülle"（Agathe）　　　　　　［6：00］

射撃大会の結末

　射撃大会当日、空は晴れ渡り、ボヘミアの森はいい狩り日和です。領主であるオットカール侯爵（バリトン）を招待して射撃大会が始まっています。

　マックスは、カスパールのことを見つけて駆け寄ります。そして、彼の耳元で急いでささやきました。まだあの幸運の弾は残っているか、と問うのです。彼らは鋳造した魔弾をマックスが4つ、カスパールが3つとして分けていました。マックスは、オットカール侯爵に注目されて、自分の実力を見せるために3発をすでに使っていました。他方、カスパールも残りは1発になっていました。マックスは、彼の残りの1発を譲ってくれないかと頼みます。カスパールはこれに耳を貸しません。マックスの弾が残り1発になったことで準備が整ったのです。

　そのとき、マックスが侯爵に呼ばれました。いよいよ領主の前で、

試験射撃をおこなうときがやってきたのです。マックスはしつこくカスパールに弾を譲ってくれるように頼みますが彼は聞き入れず、仕方なくマックスは侯爵が待つ場に向かいます。

　一人その場に残ったカスパールは、遠くを走っていく狐を狙って、彼の最後の1発を無駄に使ってしまいました。これで残る魔弾はマックスが持つ7つ目の弾だけ。その弾は、悪魔が決めた的に当たることになります。

　マックスの試験射撃の前に、舞台上では狩人たちによる合唱が入ります。このオペラ『魔弾の射手』のなかで、最も有名な楽曲です。陽気な狩人たちによる力強い男声合唱は、まさにドイツ・オペラの誕生を歓喜するかのような歌声です。

> 第3幕　第15番　狩人の合唱
> 「この世で狩りほどの楽しみがあろうか？」
> Act 3 : "Was gleicht wohl auf Erden dem Jägervergnügen?"（Chorus）
> 　　　　　　　　　　　　　　　　　　　　　　　　　　　　　［2：30］

　狩人や村人たちが集まり、主賓の席にはオットカール侯爵が座っています。彼はこのときまで見ていたマックスの射撃の腕に惚れ込み、彼の実力に満足していることを森林保護官のクーノーに伝えていました。その横でマックスは、最後の弾を込めた銃を握りしめています。木の上に登り、遠くからその様子を注視しているのはカスパールです。

　しかし、その場に花嫁のアガーテがやってきません。クーノーは侯爵に、花嫁が来る前に試験射撃をおこなうように頼みます。花嫁を前にすれば、マックスが緊張して真の実力が見せられないかもしれないというのです。寛大にもオットカール侯爵は試験射撃を始めることにします。あたりを見回した侯爵は、マックスに対して、あの白い鳩を撃て！と命じました。

マックスは銃を構え、白い鳩に照準を合わせます。ここからは一瞬の出来事です。白い鳩がいた木の間から純白の衣装を着たアガーテが現れて「撃たないで」と叫びます。鳩は飛び立ち、カスパールがいる木のほうへと向かいます。マックスはこれを銃で追い、ついに魔弾を撃ちます。そのとき、鳩は飛び去り、アガーテが倒れ、また、カスパールも木から落ちたのです。この状態から、オペラ『魔弾の射手』の最終幕のフィナーレが始まります。

▌第3幕　第16番　フィナーレ
▌「見よ、見よ！　彼は自分の花嫁を撃った！」
▌Act 3："Schaut, o schaut! Er traf die eig'ne Braut!"　　　　[18：00]

　騒然となる人たち。クーノーをはじめみんながアガーテに駆け寄りますが、彼女は生きていました。ゆっくりと起き上がります。隠者から与えられた白いばらで編んだ花冠が彼女を守ったのです。結局、魔弾はカスパールに当たり、彼は絶命しました。
　マックスはすべてを白状します。今日撃った4つの弾は、カスパールとともに鋳造した魔弾だった、と。オットカール侯爵は激怒し、マックスに領地から去り、再び戻ることを禁じます。永久追放としたのです。アガーテ、クーノー、そしてその場の人々は、これまで誠実に生きてきたマックスのことをかばって侯爵の慈悲を乞いますが、侯爵は許しません。
　そのとき、アガーテに白いばらを与えた隠者が舞台に現れます。隠者は、愛し合う二人の運命を1発の弾にかけることは本当に正しいことなのかと問います。マックスには1年の試練を与えることとし、正しいおこないをすれば二人の結婚を許してあげなさいと取りなし、侯爵もこれにならうことにしました。

▌第3幕　第16番　フィナーレ（隠者の登場部分）

　隠者は、バス歌手の役です。隠者が舞台に登場する場面から、彼を中心にこのオペラは大団円を迎えます。隠者は最後だけ出演し、敬虔で老練な声によってオペラの進行の中心を担う必要がある非常に難しい役の一つです。6人の登場人物、すなわちマックス、アガーテ、クーノー、エンヒェン、オットカール侯爵、そして隠者による六重唱に合唱が加わっていくのですが、最後に全員で歌うのは、アガーテが第2幕のアリアの後半部分で、愛とその喜びを歌ったテーマです。このオペラは、"愛の讃歌"の合唱で幕が下ります。

ウェーバーの生涯とオペラ

　ウェーバーは1786年11月18日、ドイツのオイティンで、巡業劇団を率いる父の後妻で女優兼歌手の母の第一子として生まれます。終生片足が不自由だったといわれています。父親の兄の娘、すなわちウェーバーのいとこは歌手のコンスタンツェで、彼女はモーツァルトの妻という関係です。

　幼少時には巡業劇団とともに劇に親しみ、巡業先の音楽家から教育を受けます。ザルツブルクでは、交響曲の父ハイドンの弟ミヒャエル・ハイドンから作曲を学びました。母が亡くなり、父も巡業劇団から引退したころ、1800年（14歳）、オペラ『森の娘』をザクセン州立歌劇場で初演しますが失敗します。しかし、オペラへの興味を失うことなく、ウィーンでゲオルク・ヨーゼフ・フォーグラーに師事します。

　また、1804年（18歳）にブレスラウの歌劇場の指揮者に就任して、そのころの各国のオペラを指揮します。その後、カール

スルーエ、シュトゥットガルト、マンハイムなどに移りながら、作曲や音楽活動を続けました。11年（25歳）、オペラ『アブ・ハッサン』がミュンヘンで初演され、成功を収めます。翌年にはプラハの歌劇場から招かれて音楽監督に就任し、また、17年（31歳）にはドレスデンのザクセン宮廷歌劇場の招聘を受け、音楽監督に就任しました。この年、プラハで歌劇場専属歌手だったカロリーネ・ブラントと結婚しています。このころから、本格的なドイツ・オペラを生み出すべく、『魔弾の射手』の作曲に取り組みます。このオペラは、21年（35歳）、ベルリンの王立劇場で初演され、大成功を収めました。これを機に各地から作曲の注文を受け、ウィーンで『オイリアンテ』、ロンドンで『オベロン』が初演されます。ウェーバーはこのロンドン初演を指揮していましたが、結核が悪化し、26年6月5日、39歳で亡くなりました。その遺体は18年後、ワーグナーの努力でドレスデンに改葬されています。

ウェーバーのオペラ以外の歌

　オペラ『魔弾の射手』で有名なウェーバーには、「魔弾の射手ミサ」と呼ばれるミサ曲（「聖なるミサ曲〔Nr.1 Es dur〕」）があります。しかし、このミサ曲はオペラと同時期に作曲されていたことのほかにはオペラとの関係性はありません。ウェーバーは「私の歌曲、私の歌（Meine Lieder, Meine Sänge Op.15-1）」をはじめとする歌曲も多く作曲していて、特にギターを伴奏とした歌曲「時（Die Zeit Op.13-5）」に注目です。

第4章
ワーグナーのオペラ

1 名作Pick Up『タンホイザー』

ワーグナー・オペラ入門篇

　リヒャルト・ワーグナー（1813-83）のオペラといえば、『トリスタンとイゾルデ』や『ニーベルングの指環』などオペラ史上、それを抜きには語れない作品がありますが、本章の「名作Pick Up」としては、『タンホイザー』を選びました。『タンホイザー』はワーグナーのオペラのなかでも親しみやすく、そのうえ、ワーグナーのオペラに特徴的な愛、死、自己犠牲、救済などのテーマも盛り込まれていて、ワーグナー・オペラを鑑賞する第一歩として最適です。

　ワーグナーのオペラは、例えばオペラ鑑賞に慣れていない人には大変親しみにくい存在です。『ニュルンベルクのマイスタージンガー』は演奏時間が4時間半、幕間の休憩も含めれば5時間以上もかかります。『トリスタンとイゾルデ』は、ワーグナーのオペラのなかでもオペラ史全体としても大変重要な作品といえますが、それでも演奏時間は4時間以上で、さらに舞台上にいる登場人物の動きが少ないという意味でも、鑑賞するハードルが高い作品です。

　ワーグナーのオペラのなかで、最初の2つの習作的なオペラとグランド・オペラ風の『リエンツィ』は、一般的にはあまり上演されません。その後のワーグナーのオペラ10作品のうち、初期の『さまよえるオランダ人』『タンホイザー』『ローエングリン』はオペラ

としての聴きどころ、すなわちアリア風の場面も多く、それに加えてその後のワーグナーが打ち立てる「楽劇」の理念のエッセンスも味わえることから、この3作品から鑑賞していくことが、ワグネリアン（ワーグナーの音楽を崇拝している人）への近道といえるでしょう。

歌の殿堂での歌合戦

　ワーグナーのオペラは『ニーベルングの指環』に代表されるように神話や伝説に基づく物語を原作にしていることが多く、『タンホイザー』の台本も、中世ヨーロッパに実在した騎士タンホイザーの伝説や中世の叙事詩『ヴァルトブルクの歌合戦』などを下敷きにして、ワーグナー自身が書いたものです。同時代のイタリア・オペラの巨匠ヴェルディは、社会に生きる人間個人のドラマを描きました（第5章を参照）。これに対してワーグナーは、イタリアよりも少し遅れて作られたドイツ・オペラを興すためにも、神話や伝説を舞台に選び、民族中心の象徴的なオペラを提示したのです。

　『タンホイザー』は、全3幕からなるオペラで、第2幕にある「ヴァルトブルクの歌合戦」を中心に物語が進行します。その登場人物は、騎士であり、また、ミンネゼンガーと呼ばれる吟遊詩人たちです。ミンネゼンガーとは愛の歌を歌う詩人のことで、中世ドイツの宮廷でその技量を競い合っていました。そのなかでも、本作の主人公タンホイザーは、ヴァルトブルク城の大広間で開催された歌合戦で何度も勝利を得てきた優れたミンネゼンガーでした。第2幕では、今回もヴァルトブルク城内でチューリゲン地方の領主ヘルマンの主催による歌合戦が開かれようとしています。

　第2幕　合唱
　「喜びて我らはこの貴き殿堂に挨拶を送ろう」
　Act 2："Freudig begrüßen wir die edle Halle"（Chorus）　　　　[7：30]

まず歌合戦の開会にあたり、ミンネゼンガーたち、そして、客人として招かれた大勢の貴族や騎士たちが、歌の殿堂である大広間に入場します。この入場行進と合唱曲は、オペラ・ガラ・コンサートでも、オペラ歌手が舞台に勢ぞろいするときの音楽として使われています。まさに歌合戦の舞台にふさわしい威厳に満ちた曲です。

禁断の地ヴェーヌスベルク

　今回の歌合戦は特別なものでした。なぜなら、領主ヘルマンの姪であるエリーザベトが久しぶりに臨席するからです。そのため、いままでにないほどの観客が集まりました。

　しかし、なぜこのときまでエリーザベトは歌合戦を見にこなかったのでしょうか。それは、タンホイザーが出場していなかったからです。何度も歌合戦で勝利してきたタンホイザーは、しばらくこの地から失踪していました。エリーザベトはタンホイザーが歌う愛の歌に引かれ、そしてその愛の歌は、二人の心をも結び付けていたのです。タンホイザーが失踪してから、エリーザベトは歌合戦に行く意味を失いました。ほかのミンネゼンガーの歌は、彼女の心に響くものではなかったのです。そのため、しばらくエリーザベトは歌合戦から離れていました。

　今回の歌合戦にはタンホイザーが戻ってきました。だからエリーザベトも見にきたのです。しかし、彼はそれまで、いったいどこに行っていたのでしょうか。エリーザベトに問われてもタンホイザーは、「ここから遠い国」に行っていたとしか答えることができません。

　実はこの遠い国というのが問題でした。タンホイザーがしばらくみんなの前から姿を消して行っていた場所は、禁断の地とされていたヴェーヌスベルクの洞窟だったのです。この洞窟は、愛の女神ヴェーヌス（ヴィーナス）が住む妖艶な世界でした。タンホイザーは、エリーザベトという恋人がいるにもかかわらず、愛の女神ヴェーヌ

スとともに官能のひとときを過ごしていたのです。

　このオペラ『タンホイザー』の第1幕は、タンホイザーが女神ヴェーヌスとともに身を横たえている場面から始まります。実はこのとき、タンホイザーはすでにヴェーヌスのもとから立ち去ろうとしていました。女神の誘惑に負け、洞窟の闇のなかで官能的な日々を過ごしていたタンホイザーでしたが、再び陽の光が届く現実世界に帰ろうとしていたのです。第1幕でタンホイザーが歌う「ヴェーヌス讃歌」は、前半部分こそ官能的な愛欲を称賛しますが、「しかし」（ドイツ語のDoch）から始まる後半部分では、「この地から去りたい。行かせてほしい」と女神に頼みます。タンホイザー役はテノール歌手が歌います。

第1幕　タンホイザー（ヴェーヌス讃歌）
「貴女のために讃歌よ響け」
Act 1："Dir töne Lob!"（Tannhäuser）　　　　　　　　　　　　［1：45］

　さらにタンホイザーはもう一度、ヴェーヌスに「行かせてほしい」と頼みます。ヴェーヌス讃歌の音楽は変ニ長調で書かれていますが、2回目はそれより半音高いニ長調で歌われます。

第1幕　タンホイザー（ヴェーヌス讃歌2）
「貴女の寵愛に感謝する！　貴女の愛はたたえられよ」
Act 1："Dank deiner Huld! Gepriesen sei dein Lieben!"
（Tannhäuser）　　　　　　　　　　　　　　　　　　　　　　　［1：45］

　愛の女神ヴェーヌス（ソプラノ）も黙ってはいません。タンホイザーに対して「なぜ逃げようとするのか」「あなたは女神との愛欲に酔わなければならない」と誘惑を続けます。

> 第1幕　ヴェーヌス
> 「愛する人よ、来なさい！　洞窟を見なさい」
> Act 1 : "Geliebter, komm! Sieh dort die Grotte"（Venus）　　　［4：15］

　しかし、タンホイザーは3回目のヴェーヌス讃歌を歌います。頼むから帰らせてくれ、と。3回目はさらにもう半音高い調性、すなわち変ホ長調になります。少しずつ高い調性が使用され、音楽が高潮していくのです。

> 第1幕　タンホイザー（ヴェーヌス讃歌3）
> 「私の歌はいつも貴女のために響く」
> Act 1 : "Stets soll nur dir, nur dir mein Lied ertönen"（Tannhäuser）
> 　　　　　　　　　　　　　　　　　　　　　　　　　　　　［1：45］

　とうとうヴェーヌスは、タンホイザーのことを見限ります。そんなに帰りたいのなら冷たい人間たちのもとへと去れ、と言いますが、同時にもう一つ重要なことも伝えます。禁断の地で愛欲に溺れた魂は決して救済されることはないだろう、と言い放ったのです。

愛の本質とは何か

　さて、こうしてタンホイザーは、禁断の地とされていたヴェーヌスベルクから、とにもかくにもヴェーヌスの誘惑を振り切って、みんなの前に帰ってきました。そして再びエリーザベトの前に現れ、ヴァルトブルク城の歌合戦に参加することになったのです。

　城の広間に、すべてのミンネゼンガーが入場し、観客も入り、主賓席には領主ヘルマンとその姪エリーザベトが着席します。ヘルマンは歌合戦の課題を「愛の本質とは何か」とし、勝者にはエリーザベトから賞が与えられると宣言しました。

　最初の歌い手は、タンホイザーの第一の友人であるヴォルフラム

（バリトン）でした。この人物も、中世に実在したミンネゼンガーであり、学識が高い教養人として知られています。ヴォルフラムは、与えられた課題に対し、「精神的な愛」こそが愛の本質であるとして、愛を清らかな泉に例えて歌いました。ヴォルフラムの歌は、ハープの伴奏で敬虔に歌われます。一つひとつの言葉が丁寧に織り上げられ、その愛の意味するところと同様に、抑制されたなかでも心が満ちてくるような歌です。

第2幕　ヴォルフラム
「この高貴な集いを見渡せば」
Act 2："Blick ich umher in diesem edlen Kreise"（Wolfram）　［4：30］

　ヴォルフラムの歌は、多くの観客の賛同を得ました。しかし、タンホイザーだけは不満の態度を示します。愛の泉もいいが、私はその泉を欲望のままに飲み干したい、というのです。すると、こうしたタンホイザーの享楽的な意見に立腹した別のミンネゼンガーたちが、次々とヴォルフラムの精神的な愛に賛意を示す歌を歌います。
　彼らの歌を多くの観客が支持し、逆にタンホイザーの「官能的な愛」をたたえる態度は非難の嵐にさらされました。興奮した観客は、タンホイザーの歌を止めよ、彼を追い出せ、と叫びます。これに対してタンホイザーはというと、こちらも激高して言い返します。とうとう愛の本質は快楽にあると歌い、愛の何たるかを知らない者は、官能の女神ヴェーヌスに会いにいけ、女神の愛を味わえ！と叫びます。
　ここでタンホイザーが歌うのが第1幕に続く4回目のヴェーヌス讃歌です。すでに3回聴いているので、もうその旋律を覚えていることでしょう。4回目は、3回目よりもさらに半音高いホ長調で歌われます。歌合戦が最高の盛り上がりを見せたところで、タンホイザーが官能の女神ヴェーヌスをたたえて歌い上げるのです。

> 第2幕　タンホイザー（ヴェーヌス讃歌4）
> 「愛の女神よ、貴女のために私の歌こそ響け！」
> Act 2 : "Dir, Göttin der Liebe, soll mein Lied ertönen!"（Tannhäuser）
>
> [0：45]

　この歌で、タンホイザーが禁断の地ヴェーヌスベルクにいたことを人々は知ります。観客席にいた人々は、口々に彼を国から追放せよ、罰を与えよと罵倒し、大騒ぎになります。観客のうちの騎士たちはすでに剣を抜き、タンホイザーに迫る勢いです。しかし、このとき領主ヘルマンとともに隣席していたエリーザベトが止めに入ります。「待ってください」と。

　そこにいるすべての人が、この行為に驚きます。なぜ貞淑な彼女が、禁断の地で官能の女神に溺れたタンホイザーをかばうのか、みんなには理解できません。エリーザベトは、人々に向かって、いちばん傷ついているのは裏切られた自分なのだと言いながら彼をかばいます。彼の命を救ってほしいと人々に懇願しました。タンホイザーはそのようなエリーザベトの姿を見て深く恥じ入ります。

　そこで、領主ヘルマンはタンホイザーに、罪を償い許しを乞うためにローマ教皇のもとに行くよう命じました。恩赦を得るために、タンホイザーを巡礼の旅に出すことにしたのです。

巡礼の旅

　オペラ『タンホイザー』の最後の第3幕では、5月におこなわれたヴァルトブルク城の歌合戦のあと、すでに秋がきており、タンホイザーがローマへの巡礼の旅から戻るころになっています。夕暮れどき、城を背景にした谷間の道にある聖母マリア像の前でエリーザベトがひざまずいて祈りをささげています。その姿を物陰から見守るのがヴォルフラムです。ヴォルフラムがエリーザベトに対して、

どのように心を寄せているのかは台本に直接書かれていません。ここでヴォルフラムは、彼女の願いをかなえてほしいと歌います。この高貴な歌を聴きながら、エリーザベトに対するヴォルフラムの想いをどう感じるかは、オペラを鑑賞している私たちの解釈に依拠しているのです。

第3幕　ヴォルフラム
「ここで彼女が祈っているだろうと思った」
Act 3：“Wohl wusst' ich hier sie im Gebet zu finden”（Wolfram）

[3：15]

　そこにローマから帰ってきた巡礼者の一行が近づいてきます。遠方から無伴奏の男声合唱で聞こえてくるのが「巡礼の合唱」です。

第3幕　巡礼の合唱
「故郷よ、喜びをもってあなたを眺めて」
Act 3：“Beglückt darf nun dich, o Heimat, ich schauen”（Chorus）

[3：30]

　大変印象深いこの巡礼の合唱は、敬虔なコラール風の「巡礼の動機」と中間部の「後悔の動機」からなり、オペラ全体にとっても重要な音楽です。このオペラ『タンホイザー』の序曲も、これらの動機から始まります。『タンホイザー』の序曲は、オペラ全体の内容を集約したものとして作曲されています。その開始の部分で「巡礼の動機」がクラリネット、ホルン、ファゴットの管楽器によって奏でられるのです。また、「後悔の動機」も繰り返し出てきます。

「『タンホイザー』の序曲」
“Tannhäuser, Overture”

[15：00]

ワーグナーは、この『タンホイザー』で序曲を用いるのは最後にして、次の『ローエングリン』以降のオペラでは劇の導入の役割をもつシンプルな「前奏曲」を使いました。その意味では、ワーグナーにとって『タンホイザー』の序曲は、序曲としての完成形だったのでしょうか。それとも、序曲の形式としての限界を感じたものだったのでしょうか。

エリーザベトの祈り

　さて、再び第3幕に戻ります。巡礼者一行が近づいてきて、エリーザベトはそのなかにタンホイザーがいないか、必死で捜します。しかし、彼は見つかりません。そこで、エリーザベトは、彼の罪が許されるのなら自らの命を捨ててもいいと、膝をついて聖母マリアに祈りをささげます。ソプラノの美しい祈りの歌です。

> 第3幕　エリーザベト（祈り）
> 「聖母マリア様、私の願いを聞いてください」
> Act 3："Allmächt'ge Jungfrau, hör mein Flehen!"（Elisabeth）［8：30］

　エリーザベトのことを物陰から見守っていたヴォルフラムは、彼女に近寄って語りかけようとしますが、エリーザベトは、それを無言で拒絶しました。そして、立ち上がった彼女は、死の道として続く山道を一人歩んでいき、遠ざかっていきます。
　竪琴を構えたヴォルフラムは、暗闇に消えていくエリーザベトの後ろ姿を長い間、目で追いながら、天を仰いで歌います。せめて星の優しい光が、死の道を歩む彼女を見守ってくれるように願ったのです。このヴォルフラムの「夕星の歌」は、夕闇の静けさや星々の光が音楽で表現されており、バリトン歌手が歌う名場面の一つとして有名です。

> 第3幕　ヴォルフラム（夕星の歌）
> 「死の予感のごとく──ああ、私の優しい夕星よ」
> Act 3："Wie Todesahnung... O du mein holder Abendstern"
> (Wolfram)　　　　　　　　　　　　　　　　　　　　　　　[4：30]

タンホイザーの「ローマ語り」

　そこに、ぼろぼろの衣服をまとったタンホイザーが現れます。顔は蒼白で、よろめいた体を杖で何とか支えている状態です。ヴォルフラムが駆け寄り、どうしたのか、何があったのかと尋ねます。そこで、タンホイザーはローマへの巡礼の旅について物語ります。巡礼者としてローマを訪れ、教皇に許しを乞いましたが、ヴェーヌスベルクに足を踏み入れた者に救いはないと言われてしまったのです。ここでのタンホイザーの歌は「ローマ語り」と呼ばれています。

> 第3幕　タンホイザー（ローマ語り）
> 「聞いてくれ、ヴォルフラム、君も知ってくれ」
> Act 3："Hör' an! Du, Wolfram, du sollst es erfahren"（Tannhäuser）
> 　　　　　　　　　　　　　　　　　　　　　　　　　　　　　[9：00]

　オペラの進行としては、ローマで許しを得ることができず自暴自棄になったタンホイザーが、止めるヴォルフラムを振り切って、再び禁断の地ヴェーヌスベルクに行こうとします。そこにエリーザベトの棺が運び込まれます。彼女の死に絶望したタンホイザーはそこで息絶えるのですが、魂は救済されます。エリーザベトの死が彼の魂を救った、というのがオペラの結末です。

　ここでタンホイザーが最後に歌った「ローマ語り」では、ワーグナーのその後のオペラ、すなわち、ワーグナーが打ち立てた「楽劇」の音楽様式を先行して使っていることが注目されます。例えば、

その前までの「エリーザベトの祈り」やヴォルフラムが歌う「夕星の歌」は、従来のオペラのアリアのように、登場人物のそのときの気持ちを美しいメロディーに乗せて歌い上げ、その役を受け持つオペラ歌手の聴かせどころになっていました。しかし、タンホイザーの「ローマ語り」は、それとは異質の様式でできています。まずメロディーは美しい線を描くことよりも、ドイツ語がもつ言葉の抑揚が生かされます。これはオペラの専門用語で「シュプレッヒゲザング」と呼ばれる技法です。一般にオペラのなかでアリアが入る場合、メロディーを聴かせるために、オーケストラが単純な伴奏形を繰り返し、劇自体は止まってしまいます。そうではなく、迫真的な台詞をそのまま音楽に乗せて歌手の見せ場にしたのがシュプレッヒゲザングです。その間のオーケストラを単なる伴奏とするのではなく、オペラの中核として意味をもたせるために「ライトモティーフ」を使用しました。例えば、ローマ語りのなかでは、タンホイザーの「後悔の動機」を繰り返すなど、そのときの劇の意味を音楽で語ることになります。

　将来のワーグナーが追い求めた「楽劇」の理想を先取りするのがタンホイザーの「ローマ語り」です。その後のワーグナーが、生涯をかけて「楽劇」の理想を完成させる道は、タンホイザーのローマ巡礼と同様、過酷で困難な道でもありました。私たちは、ワーグナーが残した遺産を現在まで繰り返しオペラハウスで上演し、継承しているのです。

2 ワーグナー・オペラの名曲
──『ローエングリン』『トリスタンとイゾルデ』などの名場面

ダイジェスト『さまよえるオランダ人』

　ワーグナーのオペラは、最初の2つの習作的なオペラとグラン

ド・オペラ風の『リエンツィ』を除くと、あとの10作品すべてが
オペラ史上、重要な作品として位置づけられ、オペラハウスの毎年
のシーズンのなかでも常に注目される演目です。ここでは、「名作
Pick Up」で取り上げた『タンホイザー』以外のオペラを作品ごと
に紹介し、その名場面をみていきます。

　まず初期のオペラ『さまよえるオランダ人』です。舞台はノル
ウェーの海岸。オペラの物語の前提として、なぜオランダ人は「さま
よえる」のかを知る必要があります。その昔、嵐に襲われた船のオ
ランダ人船長が、その荒波に対して「私は永遠に止まることなく乗
り切ってみせる」と豪語したために、その船は呪われてしまい、オ
ランダ人船長は死ぬことも許されず、永遠に海をさまよい続けるこ
とになりました。この呪いを解くためには、7年に1度許される上
陸の機会に、オランダ人船長に「永遠の愛」を誓う女性が現れなけ
ればなりません。

　今回、その女性としてオランダ人と結ばれたのは、ノルウェー船
の船長の娘ゼンタ。しかし、ゼンタにはすでにエリックという恋人
がいました。しょせん永遠の愛など存在しないとして絶望したオラ
ンダ人は、再び船に乗り込んでノルウェーの地を去ろうとします。
そのときゼンタは、オランダ人に対する真の愛を誓って海に身を投
げ、ゼンタの死とともにオランダ人は呪いから救済されました。

　まず「序曲（Der Fliegende Holländer, Overture）」では、海の荒波
を弦楽器の半音階進行で表現し、冒頭にオペラの重要な主題である
「呪われたオランダ人の動機」をホルンとファゴットによって力強
く、そして不気味に示しています。その後、荒波を表した弦楽器が
おさまったところで、オーボエをはじめとする管楽器が「ゼンタの
救済の動機」を演奏します。この対照的な2つの動機は、オペラ全
体で重要な役割を果たしています。

　呪われた船長のオランダ人の役はバリトンが歌います。第1幕に
は、長大なモノローグ「期限は切れた──幾度も海の底深くに

(Die Frist ist um... Wie oft in Meeres tiefsten Schlund)」があり、自分の呪われた運命を物語ります。第2幕でゼンタ（ソプラノ）は、さまよえるオランダ人伝説を「ヨホホエ！　真っ赤な帆に黒いマストの船を（ゼンタのバラード）(Johohoe! Traft ihr das Schiff im Meere an)」で歌います。自分こそがオランダ人を救う聖なる女性だと信じ込むのです。第3幕の冒頭で歌われる水夫の合唱「舵取りよ、見張りをやめよ！ (Steuermann, laß die Wacht!)」からは、水夫たちの活気ある様子が伝わってきますが、その後に歌われるオランダ船の船員たちによる不気味な合唱にかき消されてしまいます。

ダイジェスト『ローエングリン』

　すでにワーグナーは、オペラ『ローエングリン』で、自分が目指していた「楽劇」の形式を確立しつつありました。すなわち、示導動機（ライトモティーフ）によって音楽に意味をもたせるとともに、各場面は同じ曲調で一貫性を保ち、アリアやレチタティーヴォといった明確な分類をやめます。序曲についても、これがオペラ全体に比して大きな存在になりすぎていたことから、各幕への導入の役割をもつ「前奏曲」としました。『ローエングリン』の第1幕への「前奏曲 (Lohengrin, Prelude to Act 1)」は、冒頭にヴァイオリンで演奏される「聖杯の動機」（聖杯は、十字架上のキリストの血を受けたとされる杯のことで、聖杯の騎士たちに守られている）を中心とした美しい曲です。

　10世紀前半のベルギーのアントウェルペン。弟殺しの嫌疑をかけられたエルザ（ソプラノ）は「寂しい日々に神に祈った（エルザの夢）(Einsam in trüben Tagen hab' ich zu Gott gefleht)」で、夢に見た白鳥の騎士が、自らのために戦ってくれると言います。エルザが祈ると、本当に騎士ローエングリン（テノール）が現れました。ローエングリンは自分の名と素性を尋ねないならば戦うと言い、エルザは承諾します。しかし、魔女オルトルート（メゾ・ソプラノ）はエルザ

に近寄り、白鳥の騎士の素性を問うようにそそのかします。

　エルザとローエングリンが結婚する第3幕は、華やかな「前奏曲
(Lohengrin, Prelude to Act 3)」で始まります。そのあとに続くのが
婚礼の合唱「誠の心に導かれ（結婚行進曲）(Treulich geführt ziehet
dahin)」です。これは結婚式で誰もが聴いたことがある曲でしょ
う。婚礼の夜、二人は新婚の喜びを歌いますが（二重唱「私の心があ
なたを求めて甘く燃えるのを感じる〔Fühl' ich zu dir so süß mein Herz
entbrennen〕」）、エルザは愛する人のすべてを知りたいという思いを
募らせ、ついに禁じられた問いを発してしまいます。

　ローエングリンは聖杯王パルジファルの子、聖杯に仕える騎士で
した。正体を知られた以上、この地から去ることになります。ロー
エングリンが自分の名と素性を明かす「名乗りの歌」と呼ばれる
「遥かな国に (In fernem Land)」は、「聖杯の動機」を紡ぎながら歌
われ、このオペラの最も核心的な部分としてテノール歌手の最大の
聴かせどころになっています。

ダイジェスト『トリスタンとイゾルデ』

　楽劇『トリスタンとイゾルデ』はワーグナーの代表作であり、ワ
グネリアンからも絶大な支持を得ています。特にその第1幕への
「前奏曲 (Tristan und Isolde, Prelude to Act 1)」で使われたトリスタ
ン和音は、オペラだけでなく西洋音楽全体に大きな影響を与えまし
た。ロマン派の初期から和声法は一層拡大し、転調先の和音を借り
てくるなどして調性が曖昧になり、次第にこうした曲調の浮揚感が
ロマン派の作曲家の間で好まれるようになります。その流れのなか
で、ワーグナーはこの前奏曲の最初の「憧れの動機」でトリスタン
和音（2小節目など）を使用しました。半音階進行によって主調の確
立を回避し、調性音楽を崩壊寸前にまで追い込んだのです。主和音
に落ち着かないこの音楽は、あたかも現世では完遂できないトリス
タンとイゾルデの愛を反映しているかのようです。

伝説上の中世アイルランドの王女イゾルデ（ソプラノ）は、コーンウォール（イングランド西南部）を治めるマルケ王（バス）に嫁ぐため、王の甥であり忠臣であるトリスタン（テノール）に護衛されて航海していました。実はこのときすでにトリスタンとイゾルデは愛し合う関係でした。その因縁はイゾルデの口から語られます。第1幕の「タントリスの歌」と呼ばれる「みんなが私を歌で嘲ったが（Wie lachend sie mir Lieder singen）」で、イゾルデはトリスタンとどのように恋に落ちたかを聴かせます。

　イゾルデは、自分のことを王の妻とするために先導するトリスタンに対して激しい憤りを感じています。彼女は一緒に毒薬を飲むことをトリスタンに迫りました。しかし、侍女ブランゲーネ（メゾ・ソプラノ）が毒薬のかわりに用意したのは愛の薬。そのため、船がコーンウォールの港に到着するころには、トリスタンとイゾルデは強烈な愛に陥っていたのです。もちろんイゾルデはマルケ王の妻になるわけですから、トリスタンとイゾルデには悲劇が待っていることになります。

　トリスタンとイゾルデによる愛の二重唱は、第2幕にあります。夏の夜、マルケ王が配下を連れて狩りに出かけます。すでに王妃であるイゾルデは、狩りの一行が城から遠く離れていくことを待ちます。すなわち、恋人と会うそのときを待っているのです。そして、とうとうイゾルデのもとにトリスタンが現れ、二人は情熱のなすがままに「おお、降りてきたれ、愛の夜よ（O sink hernieder, Nacht der Liebe）」を歌い、お互いの愛を確かめ合いました。

　「イゾルデの愛と死」と呼ばれる第3幕のラストの「優しく静かに彼がほほ笑んで（Mild und leise wie er lächelt）」は、ワーグナーのオペラを歌うソプラノ歌手にとって最大の聴かせどころといえるでしょう。コンサートでも、前述した第1幕への前奏曲とあわせて、「前奏曲と愛の死」として頻繁に演奏されます。

ダイジェスト『ニュルンベルクのマイスタージンガー』

　ワーグナーのオペラのうち、初期の習作的な作品を除いて、『ニュルンベルクのマイスタージンガー』は唯一の喜劇です。使用している音も全音階的で、全体としてはっきりと明るい音楽であることを持ち味にしています。第1幕への「前奏曲（Die Meistersinger von Nürnberg, Prelude to Act 1）」から力強い音楽が演奏され、第3幕の歌合戦に向けて壮大なドラマが始まります。

　中世ドイツでは、あらゆる職業分野で同職組合が組織されていました。マイスタージンガー（職匠歌人）もその一つです。毎月のコンテストでその歌の技術を競い合っていました。金細工の親方ポーグナー（バス）は、聖ヨハネ祭でおこなう歌合戦の優勝者に全財産と娘のエーファ（ソプラノ）を与える、求婚していい、と宣言します。ここでエーファと関わる3人の男たちを紹介していきましょう。

　まずエーファには、教会で出会ったヴァルター（テノール）という若い騎士がいて、お互いに引かれ合っていました。ヴァルターは、歌合戦のために急いで「歌の規則」を習得しようとしますが、あまりに厄介な規則に閉口します。それでもヴァルターは歌合戦に出場するための資格試験を受け、堂々と自分の歌を歌います。第1幕、歌の試験でヴァルターが歌った「始めよ！そう春が森に呼びかけた（Fanget an!　So rief der Lenz in den Wald）」は自由な発想に基づくもので、従来の歌の規則から外れていました。歌の途中で判定員が黒板にチョークでバツを付ける音が聞こえてきます。ヴァルターは試験に失格してしまいました。

　エーファに横恋慕しているのが、市の書記官ベックメッサー（バリトン）。実はヴァルターの試験で判定員を務め、バツを付けていたのは彼です。来たる歌合戦でライバルが出現しないように、出場のための資格試験で厳しく採点したのです。第2幕でベックメッサーは、歌合戦の前夜、リュートを持って、エーファの家の窓辺でセ

レナードを歌います。エーファの部屋の窓辺にいるのは実は彼女の乳母。間違えているところも彼らしいですが、歌合戦で披露するつもりの自慢の一曲「その日の訪れを私は見る（Den Tag seh' ich erscheinen）」を歌います。隣で聴いていて、彼の歌の判定員になったのは靴屋の親方ザックス。ベックメッサーが歌の規則を間違えるたびに、ザックスは靴底をハンマーで叩きます。何度も叩かれるので、歌が混乱します。いえ、歌が混乱しているので何度も叩かれるのです。

　そして、もう一人、エーファのことを想っているのが、この靴屋の親方ザックス（バリトン）です。ザックスは、遠い昔に妻を亡くし、エーファに愛情をもっていた一人でした。実はザックスは、ヴァルターの資格試験にも出席していました。ヴァルターの自由な新しい発想に基づく歌を聴いて、ザックスは内心で、いったん慣習を捨てて再考してみるべきではと思います。第2幕、こうしてヴァルターの歌の可能性について、「リラの花のかぐわしさ（Was duftet doch der Flieder so mild）」で一人考えます。また、第3幕、歌合戦の当日の朝、「迷い、いたるところに迷いが（Wahn! Wahn! Überall Wahn!）」と独白し、迷い多きこの世界で、正しく、気高い仕事をしようと歌います。

　ザックスは、自らの家にヴァルターを招き入れ、ヴァルターが見た夢を歌にするように勧め、「歌の規則」に従って一つの歌を完成させます。二人がその場を去ったあと、そこにベックメッサーが現れて、歌が書かれた紙を見つけます。ザックスが戻り、ここで彼は一つの策を仕込むのです。ほしいのなら進呈しようと言うと、ザックス作だと勘違いしたベックメッサーは喜んでもらい受けます。そのあとに歌合戦が始まるのです。親方たちや民衆が集まるなか、まずベックメッサーが、ザックスからもらった歌を歌いました。しかしそれは他人の作品。「歌の規則」は間違えるし、歌詞もうろ覚えで大失敗します。このときザックスは、この歌の真の作者としてヴ

ァルターを迎え入れます。ヴァルターはその歌「朝はばら色に輝き（Morgenlich leuchtend im rosigen Schein）」を歌い、親方たちや民衆を感動させ、この歌合戦で優勝したのでした。

ダイジェスト『ニーベルングの指環』

ワーグナーの最大のオペラ『ニーベルングの指環』は4つの作品、すなわち序夜『ラインの黄金』、第1夜『ワルキューレ』、第2夜『ジークフリート』、第3夜『神々の黄昏』からなり、「3日と1晩の序夜のための舞台祝祭典劇」と名付けられています。神話の世界を雄大に描いた大河オペラであり、一つひとつの作品の演奏時間も長く、4作品を合計すると約15時間にもなります。

序夜『ラインの黄金』は、ライン川の底に眠る「ラインの黄金」を守る3人の乙女たちに、ニーベルング族の小人アルベリヒ（バリトン）が言い寄る場面から始まります。ラインの乙女たちが歌う「ごらんなさい、姉さんたち！（Lugt, Schwestern!）」から、川底に輝くラインの黄金が舞台に現れます。愛を断念した者だけが、ラインの黄金から「世界を支配できる指環」を作ることができるということでした。小人のアルベリヒは「愛すること」を捨て黄金を奪い、指環を作りだします。

この『ラインの黄金』では、火の神ローゲ（テノール）に味のある歌唱が求められます。神々の王であるヴォータン（バリトン）は巨人族からヴァルハラ城を建設した報酬を求められて困っていました。そんななか、ローゲは「いつもローゲは恩を仇で返される！（Immer ist Undank Loges Lohn!）」のなかで、ヴォータンに、ラインの黄金を奪われて乙女たちが困っている、取り返してほしいと懇願していると歌います。ヴォータンは、いま困っているのは私だと言いますが、横で聞いていた巨人族ファフナー（バス）は、その黄金に興味を示し、それを報酬として要求しました。

第1夜『ワルキューレ』は、指環4作品のなかでも観どころや聴

きどころが多い最も人気がある作品といえるでしょう。例えば、第3幕への「前奏曲（Die Walküre, Prelude to Act 3）」は「ワルキューレの騎行」として、翼をもった馬に乗って縦横無尽に飛び交うワルキューレ（神々の王ヴォータンが女神たちの間でもうけた9人の娘たち）を描いています。また、ワルキューレの一人ブリュンヒルデ（ソプラノ）は、第2幕の冒頭からヴォータンに「馬に手綱をつけよ、武装した乙女よ！（Nun zäume dein Ross, reisige Maid!）」と呼ばれて、有名な「ホー・ヨー・トー・ホー！」というワルキューレの叫び声を上げます。

『ワルキューレ』の第1幕、ジークムント（テノール）は「冬の嵐は過ぎ去り（Winterstürme wichen dem Wonnemond）」で、双子の妹であるジークリンデ（ソプラノ）への愛を歌います。その後のジークムントがトネリコの木から名剣ノートゥングを引き抜くところも名場面です。

この名剣ノートゥングをもつジークムントのことを戦いで敗北させるようにヴォータンはブリュンヒルデに命じます。しかし、ブリュンヒルデは、ジークムントとジークリンデの愛の深さを知ると、父の命に背いてジークムントを勝たせようと決心しました。第3幕でヴォータンは、「さらば、勇敢で気高い我が子よ（Leb wohl, du kühnes, herrliches Kind!）」と言って、命令に背いたブリュンヒルデから神性を抜き取って人間として眠らせ、その周りを炎で囲みます。この「ヴォータンの告別と魔の炎」と呼ばれる場面で『ワルキューレ』は終幕になります。

第2夜『ジークフリート』で、ブリュンヒルデを炎のなかから救うのは、まさにタイトルロールのジークフリート（テノール）です。ジークフリートは、ジークリンデが双子の兄ジークムントとの間に宿した子でした。第1幕で、"恐れ"を知らないジークフリートは、残された名剣ノートゥングの破片から剣を鍛え直し、よみがえらせます（「ノートゥング！ノートゥング！誰もが羨む剣よ！〔Notung! Notung!

Neidliches Schwert!」」）。そしてその剣でジークフリートは、第2幕、大蛇になった巨人族ファフナーの心臓を突き刺し、黄金と指環を奪いました。

『ジークフリート』の第3幕で、ジークフリートは炎を飛び越え、そのなかで横たわるブリュンヒルデを見つけます。口づけによってブリュンヒルデが眠りから覚め、「太陽に栄えあれ！光に栄えあれ！（Heil dir, Sonne! Heil dir, Licht!）」と歌い始めます（ブリュンヒルデの目覚め）。二人は即座に恋に落ち、結ばれました。

　しかし、第3夜『神々の黄昏』の第3幕でジークフリートは、小人アルベリヒの子ハーゲン（バリトン）によって、背中から槍で刺されます（「この鳥のささやきもあなたは聞き取れますか？〔Errätst du auch dieser Raben Geraun'？〕」）。その前にハーゲンは、ブリュンヒルデをだまし、ジークフリートは無敵で決して敵に背を向けて逃げることはないが、そのため背中は不死身の体になっていないことを聞き出していたのです。ジークフリートは、ブリュンヒルデの目覚めの様子を思い浮かべながら息絶えます（「ブリュンヒルデ、聖なる花嫁！〔Brünnhilde, heilige Braut!〕」）。「ジークフリートの死」と呼ばれる名場面です。このときオーケストラは、間奏曲「ジークフリートの葬送行進曲（Siegfrieds Trauermarsch）」を奏でます。英雄の最期にふさわしい雄大で力強い音楽はワーグナーの真骨頂といえるでしょう。

『神々の黄昏』の最終場面、すなわち『ニーベルングの指環』のラストは、真相を知ったブリュンヒルデが、ジークフリートの遺体の周りに薪を積んで火を放つ場面から「ブリュンヒルデの自己犠牲」と呼ばれる長大なフィナーレとなります（「大きな薪を積み上げてください〔Starke Scheite schichtet mir dort〕」）。ブリュンヒルデは、ジークフリートの手から指環を外し、これをラインの乙女たちに返すことを決意しました。

ダイジェスト『パルジファル』

　ワーグナーの最後のオペラは、『パルジファル』という圧倒的な音楽の力をもつ作品です。美しく、神秘的であり、劇的でもある。まさにワーグナーの、いや、ドイツ・オペラの最高傑作といえるでしょう。

　物語の筋としては、純粋無垢の青年パルジファル（テノール）が魔導士クリングゾル（バス）に奪われた聖槍を取り返すというものです。そこに様々な背景をもつ登場人物が関わっていきます。不思議な女性クンドリー（ソプラノ）は、かつてキリストに嘲笑を浴びせたことから、決して死ぬことを許されず時空をさまよっています。スペインのモンサルヴァート城の城主アムフォルタス（バリトン）は、聖槍を携え、魔導士クリングゾルを討ちにいきます。しかし、魔法をかけられたクンドリーに誘惑され、聖槍を奪われ、そしてその槍で自らの脇腹に傷を負ってしまいます。その傷痕は決して治癒することなく、アムフォルタスを苦しめ続けるのです。

　『パルジファル』の第1幕への「前奏曲（Parsifal, Prelude to Act 1）」には、すでに「聖餐の動機」「聖杯の動機」「信仰の動機」など、オペラのなかの重要なライトモティーフが現れ、オペラの核心に触れることができます。オペラの最後の場面では、パルジファルがクリングゾルから取り返した聖槍をアムフォルタスの決して治癒しない脇腹の傷口に当てると快癒します（「願いをかなえる武器は1つだけ〔Nur eine Waffe taugt〕」）。また、パルジファルが聖杯に黙禱をささげると、クンドリーはその場で息絶え、救済されます。「至高の救いがもたらす奇跡！（Höchsten Heiles Wunder!）」で合唱を伴った感動的な場面で終幕となります。

ワーグナーの生涯とオペラ

　ワーグナーは1813年5月22日、ドイツのライプツィヒで生まれました。少年時代からピアノを始めましたが、関心は主に劇作にありました。音楽のほうは聖トーマス教会の合唱指導者に理論を学びます。習作的なオペラを作曲したあと、パリ在住中にグランド・オペラ風の『リエンツィ』を作曲し、42年（29歳）にドレスデンで初演して成功を収めました。また、ワーグナーはドレスデン宮廷歌劇場の楽長に迎えられ、36年（23歳）、結婚していた女優ミンナ・プラーナーとともにこの地に移住しました。

　ドレスデンでは『さまよえるオランダ人』『タンホイザー』が初演されます。このときワーグナーは、ドレスデンで起こった革命運動に参加しますが、革命は失敗し、亡命を余儀なくされます。作曲が終わっていた『ローエングリン』は、フランツ・リスト（1811-86）の協力によってワイマールで初演されました。亡命中は、チューリヒで援助者のヴェーゼンドンク夫妻が提供してくれた家に住みますが、その夫人との恋愛が『トリスタンとイゾルデ』の作曲に影響を与えます。1866年（53歳）に、すでに別居していた妻ミンナが死去します。このころから、若くしてバイエルンの国王になったルートヴィヒ2世が、ワーグナーの絶大な後援者になります。『ニュルンベルクのマイスタージンガー』は国王臨席のもと、ミュンヘンで初演されました。

　1870年（57歳）、リストの娘で指揮者ハンス・フォン・ビューローの妻だったコジマと結婚します。二人の間に生まれた長男にはジークフリートと名付け、楽劇『ジークフリート』の作曲も再開させました。バイエルン国王などの援助によってバイロイトに祝祭劇場が完成し、76年（63歳）に『ニーベルングの

指環』が初演され、その後、82年（69歳）の第2回バイロイト音楽祭で『パルジファル』が初演されました。ワーグナーはこの年の秋に家族とともに移ったヴェネツィアで83年2月13日、69歳で亡くなりました。遺体はバイロイトの私邸に埋葬されています。

ワーグナーのオペラ以外の歌

　ワーグナーは若いころに歌曲を作曲しましたが、いずれも現在ではあまり歌われません。しかし、5つの歌からなる「ヴェーゼンドンク歌曲集（Wesendonck Lieder WWV 91）」は歌曲史においても重要な作品として知られています。ワーグナーを援助していたオットー・ヴェーゼンドンクの妻マティルデは、自分で書いた詩をワーグナーに贈り、彼はそれをもとに歌曲を書いていきました。ちょうどオペラ『トリスタンとイゾルデ』の前に作曲されています。

†

Column 2

バロック・オペラ

　本書で取り上げた名作オペラは、モーツァルトが活躍した古典派の時代から後期ロマン派まで、つまり一般にクラシック音楽のコンサートで中心となっている作曲家たちが活躍した時代の作品ばかりです。それよりも前には名作オペラは存在しなかったのでしょうか。

　バロック音楽の時代の最初期にオペラが誕生し、それ以降、次々と作品が生み出され、むしろバロック・オペラは大量に作られていました。近年、これら多くのバロック・オペラがたびたび上演され、鑑賞できる機会が増えてきました。それでも、ロマン派のオペラに比べれば、その多くがまだオペラハウスのレパートリーに定着するまでに至っていないのが現状です。とはいえ、「まえがき」でも触れましたが、デジタル環境を生かして、眠っているバロック・オペラの名作にも容易に近づくことができます。

　声楽の学習者が最初に手に取る『古典イタリア曲集』(パリゾッティ版)には、バロック・オペラのなかの名アリアが編曲されて入っています。例えば、ゲオルク・フリードリヒ・ヘンデル (1685-1759) が作曲したオペラ『セルセ』からのアリア「オンブラ・マイ・フ (懐かしい木陰よ) (Ombra mai fu)」や、オペラ『リナルド』からのアリア「私を泣かせてください (Lascia ch'io pianga)」が有名です。このような名曲を耳にしてオペラに関心を寄せた人もいるのではないでしょうか。

　前述の2曲のほかにも、アントニオ・チェスティ (1623-69) のオペラ『オロンテーア』のアリア「私の憧れの人のまわりに (Intorno all'idol mio)」は味わい深い名歌です。この曲の旋律を伴奏部分に使用して、のちのイタリアの作曲家オットリーノ・レスピーギ (1879-

1936）が、歌曲「昔の歌に寄せて（Sopra un'aria antica Op.125-4)」
を作曲しました。

　バロック・オペラの最初期に活躍した作曲家としては、クラウディオ・モンテヴェルディ（1567-1643）がいます。『古典イタリア曲集』に収載の「私を死なせてください（アリアンナの嘆き）(Lasciatemi morire!)」は、オペラ『アリアンナ』からのアリアですが、オペラのその他の部分の楽譜は残念ながら失われています。モンテヴェルディのオペラの傑作としては『オルフェオ』『ウリッセの帰還』『ポッペアの戴冠』が挙げられます。

　英語で歌われるイギリスのバロック・オペラとして、ヘンリー・パーセル（1659-95）の唯一のオペラ『ディドとエネアス』は重要な作品です。ギリシャ神話をもとにしたオペラで、カルタゴを建国したとされる女王ディドは、トロイア戦争の英雄エネアスがカルタゴを離れローマへと旅立ったあと、その悲しみから死を選ぶアリア「私が地に横たえられるとき（ディドのラメント）(When I am laid in earth)」を歌います。このアリアでは、半音階で下降する低音部のオスティナート（音楽用語で、一定の音型を反復すること）のうえで、格調高い旋律が歌われます。

　イギリスではパーセルのあと、イタリア語によるオペラが主流になり、イギリスに移り住んだヘンデルが作曲したイタリア・オペラはこの地に大きな影響を与えます。オペラ『ジュリオ・チェーザレ』もその一つです。ローマの将軍ジュリオ・チェーザレ（カエサル）によるエジプト遠征を舞台にしたオペラで、チェーザレが戦いに向かい、その彼の身を案じて歌うクレオパトラ（ソプラノ）のアリア「もし私に哀れみをくださらなければ（Se pietà di me non senti)」は、美しい旋律をもつスケールの大きな楽曲です。

　バロック・オペラでは、歌手たちがその歌唱技術を披露することに重きが置かれ、登場人物が舞台に現れてはアリアを歌うスタイルがオペラ（オペラ・セリア）の典型でした。そこで活躍したのが「カ

ストラート」と呼ばれる少年のころに去勢された男性歌手です。カストラートは声変わりをせず、男性なのに女性の声域をもっていました。オペラのアリアは、彼らの名人芸を見せつける場になり、華やかな装飾音符が多くついた歌偏重のオペラが増えていきます。そのように次第に歪んでいったオペラを改革しようとしたのが、クリストフ・ヴィリバルト・グルック（1714-87）です。グルックは、歌は崇高で簡潔なものとし、音楽と劇が密接に結び付いた作品づくりを目指しました。グルックの代表作はオペラ『オルフェオとエウリディーチェ』です。オルフェオのアリア「エウリディーチェを失って（Che farò senza Euridice?）」とともに、このオペラはバロック・オペラのなかでも比較的多く上演されています。

第5章
ヴェルディのオペラ

1 名作Pick Up『ドン・カルロ』

アリアに込められた感情

　ジュゼッペ・ヴェルディ（1813-1901）のオペラ作品は、世界のど
のオペラハウスでも、そのレパートリーの中核となっています。初
期の『ナブッコ』『マクベス』、中期の『リゴレット』『イル・トロ
ヴァトーレ』『椿姫』、そして晩年の『アイーダ』『オテロ』『ファル
スタッフ』など、もしこれらの作品が存在しなければ、オペラハウ
スの経営は成り立たないでしょう。イタリア・オペラの代表的なレ
パートリーとして、世界中で継続的に上演されています。

　そのようなヴェルディのオペラ作品のなかでも、本章の「名作
Pick Up」で取り上げるオペラ『ドン・カルロ』は、ほかの有名作
品よりも上演機会は少ないかもしれません。ただし、作品としては、
ヴェルディのイタリア・オペラで重視される「歌」の力が最高潮に
達した傑作といえます。このオペラでは、それまでヴェルディがオ
ペラ創作のなかで追求してきた「歌」、すなわち、大型のアリアが
圧倒的な存在感を放っています。そのアリアで描かれる登場人物の
感情は深く、そして、複雑なものです。実際に私たちが生きていく
うえで、多くの場合、何かしらの複雑な感情を抱くこともあるでし
ょう。このオペラ『ドン・カルロ』の登場人物たちが歌うアリアを
聴くと、彼らの愛、友情、苦悩、葛藤、孤独……そういったいくつ

もの感情の発露に共感を覚えるはずです。

史実に基づく歴史オペラ

　魅力ある『ドン・カルロ』のアリアを聴いてみる前に、このオペラの背景を押さえておきます。『ドン・カルロ』は、16世紀のスペイン宮廷を舞台にした史実に基づく重厚なストーリーをもっています。このストーリーは、アリアと並んでこのオペラのもう一つの魅力なのですが、その展開や登場人物の思いが、オペラの台本からは直接伝わりにくいのも事実です。このことが、ヴェルディのほかの有名オペラ『椿姫』『アイーダ』などに比べて、オペラ・ビギナーを遠ざけている要因なのかもしれません。

　オペラ『ドン・カルロ』には、いくつものバージョン（改訂版）が存在します。このバージョンについては多くの研究がなされていますが、ここではそこまで踏み込みません。本書では、基本的にイタリア語の4幕版を採用して解説していきます。ただし、5幕版やフランス語版の台本にある事実も含みます。

　さて、『ドン・カルロ』の背景を押さえるために、まず登場人物のうちの一人、ロドリーゴ役からみたストーリーを追っていきましょう。ロドリーゴはバリトン歌手の役です。このオペラは史実に基づくと前述したとおり、主役級の登場人物は実在しています。タイトルロールのドン・カルロも、実在した人物です。しかし、これから紹介するロドリーゴ役だけは、原作のフリードリヒ・フォン・シラーの戯曲『ドン・カルロス』で創作された架空の人物です。

ロドリーゴの志

　時は1560年ごろ、舞台はスペイン。スペイン王フィリッポ2世の治世下のことです。フィリッポ2世は「無敵艦隊」と呼ばれたスペイン艦隊を率いて、全世界にスペインの領地を作りました。侯爵ロドリーゴは、貴族の子として王家とともに育てられ、スペイン王フ

ィリッポ2世の息子である王子ドン・カルロとは幼なじみ、かつ、大親友という設定です。政治的な思惑に満ちていた宮廷のなかで、王子ドン・カルロにとってロドリーゴは唯一心を許せる真の友でした。

ロドリーゴは、宮廷があるマドリードから離れて、フランドル地方に遠征しているところでした。フランドル地方は、現在のオランダ、ベルギー、ルクセンブルク周辺を指します。ここは新教徒プロテスタントが多い地域だったので、旧教カトリックの国スペインとしては放っておけません。フランドルの各都市に重税をかけ、カトリックを強制しました。カトリックからみれば異端者である新教徒たちを迫害していたのです。そのため、フランドル地方では盛んに抵抗運動が起こっていました。

こうした状況下にあるフランドル地方を視察した侯爵ロドリーゴは、反乱分子を制圧しようとするスペイン側に疑問をもちます。フランドルの惨状を見てロドリーゴは、この地の人々を救うことを決意します。そして、それを実現するために、国王の息子である王子ドン・カルロに望みをかけるのです。フランドル側と王子がすでに通じていることも知っていました。ロドリーゴは、何とかドン・カルロを統治者としてフランドル地方に招いて、弾圧されているこの地に自由を与えたかったのです。

友情の二重唱

以上の背景があって、ここからオペラが始まります。第1幕は、ロドリーゴが、遠征していたフランドル地方からマドリードの宮廷に戻ったところです。ドン・カルロに会って、フランドルの民衆が彼を待っていることを伝えようとすると、肝心のドン・カルロの様子が何かおかしい。どうしたのか、何があったのかと尋ねると、ドン・カルロは自分の悩みをロドリーゴに打ち明けます。彼は、フランスの王女エリザベッタと出会ったときに恋に落ち、お互い愛し合

うようになっていましたが、運命のいたずらか、エリザベッタは政略によってスペイン王のフィリッポ2世、つまりドン・カルロの父と結婚してしまったのです。史実でもフィリッポ2世は、4回結婚していて、その3番目の相手がエリザベッタでした。

　ドン・カルロは親友のロドリーゴに、エリザベッタ、すなわち自分の義理の母への想いを忘れることができないと告白します。このことを聞いた瞬間、ロドリーゴは事の大きさに青ざめました。しかし、まだ国王には気づかれていないことを知って、ドン・カルロには、やはりフランドルに行くように勧めます。禁断の恋からも逃れられ、フランドルのためにもなる、そのように考えたのです。ここでドン・カルロとロドリーゴは、二人の友情と運命をともにすることを誓って、二重唱を歌います。ドン・カルロ役はテノール、ロドリーゴ役はバリトンで、ちょうど3度（「ド」と「ミ」の幅）の音程を基本とした力強い旋律を二人の男声が歌います。コンサートでも、テノール歌手とバリトン歌手が共演する舞台でよく演奏される曲です。

第1幕　二重唱（ドン・カルロ、ロドリーゴ）
「神よ、我らの魂に友情と希望を」
Act 1："Dio, che nell'alma infondere amor volesti e speme"（Don Carlo, Rodrigo）
[2：30]

決して結ばれることがない関係

　しかし、王権に反抗するフランドル地方に、スペインの継承者の地位にある王子ドン・カルロを行かせるにはどうすればいいのか。国王のフィリッポ2世は、フランドルを弾圧しているわけです。そのフィリッポ2世の了解を得るには、どのような方法があるのか。最も可能性があるのが、王妃のエリザベッタから口添えをしてもらうこと。

好都合なことに、ロドリーゴには王妃エリザベッタに近づくチャンスがありました。ロドリーゴは、フランドルからマドリードの宮廷に帰ってくる途中で、エリザベッタの故郷パリを通っていて、そのときに、彼女の母親から手紙を預かっていました。その手紙をエリザベッタに手交する役目があったのです。ロドリーゴは、王妃に謁見し、預かった手紙を渡すのと同時に、ドン・カルロからの手紙を渡します。そうやってドン・カルロとエリザベッタは、二人きりで会う機会をもちました。

　ドン・カルロは彼女に、国王が自分をフランドルに送るように口添えを頼みます。エリザベッタはよそよそしく彼のことを「息子」と呼び、国王が私の願いを受け入れれば、明日にでもフランドルに出発できるでしょうと述べます。段取りはうまくいったわけですが、ここでドン・カルロは納得しません。結果としてエリザベッタのもとから遠ざかることになる話なのに、なぜそんなに簡単に答えが出るのか、と。エリザベッタ役はソプラノですので、ここではソプラノとテノールの二重唱が聴きどころです。かつて愛し合った二人が、運命によって決して結ばれることがない関係、ここでは義理の母と息子になってしまった。ドン・カルロの心は弱く、彼女にすがりますが、エリザベッタの心は強く、彼の要求を拒否します。そんな対照的な二人の二重唱です。

> 第1幕　二重唱（エリザベッタ、ドン・カルロ）
> 「王妃のご好意をお願いに参りました」
> Act 1 : "Io vengo a domandar grazia alla mia Regina" (Elisabetta, Don Carlo)
> [10 : 00]

人としての信頼

　ここでもう一つ、ロドリーゴにとって大事な展開があります。フィリッポ2世との関係です。フランドルから帰ってきたあと、ロド

リーゴはそのことを国王フィリッポ2世に報告していませんでした。あえて避けていたのです。なぜなら、国王に問われれば、真実を話さなければならない。フランドルの惨状を正直に話さざるをえない。それは国王を批判する言葉になってしまうのです。

　そのようなロドリーゴのことをフィリッポ2世はとうとう呼び止めます。待て、と。フィリッポ2世はバス歌手の役です。威厳があって、深みがある声が求められます。彼はロドリーゴに、なぜフランドルから戻ったのに国王である自分に謁見を求めないのかと尋ねました。フィリッポ2世は、国王に忠誠を誓う者はそれなりに報いられると言います。つまり、国王である自分の言うことを聞けと、威圧したのです。

　しかし、ロドリーゴは、自らは法に守られていて、王の恩寵を受ける必要はないと答えます。国王の御前にあって、ロドリーゴは一歩も引き下がりません。フィリッポ2世は、宮廷のなかで国王にへつらう家来ばかりを見てきましたが、媚びないロドリーゴの気高い精神にかえって好感をもちます。

　しかしフィリッポ2世は、なぜロドリーゴが軍務を放棄して、フランドルからマドリードに帰ってきたのかをあらためて問います。そこで、ロドリーゴは真実を話し始めました。フランドルの惨劇を語り、フランドルに自由を与えるように諫言したのです。しかし、フィリッポ2世はここでは耳を貸しません。ただし、真実を堂々と述べたロドリーゴに対しては、フィリッポ2世は大いに感銘を受けます。ロドリーゴは国王の信頼を勝ち得たのです。

　フィリッポ2世は、信頼のおける人間としてロドリーゴを認め、その胸中を彼に明かします。王妃と自分の息子の「疑惑」が自分を苦しめているのだと。ロドリーゴは、即座にドン・カルロは潔白だと言い切りますが、フィリッポ2世は、ロドリーゴに宮廷にいつでも入り、王妃に面会する権利を与え、エリザベッタとドン・カルロの心のうちを調べるように命じます。

ここまでの二人のやりとり、すなわち、権力に堂々と立ち向かうロドリーゴと、国王としての悩みをもつフィリッポ2世のやりとりが、バリトンとバスという男声の低い声によって緊張感がある二重唱として描かれています。

> 第1幕　二重唱（フィリッポ2世、ロドリーゴ）
> 「待て！　国王の面前で」
> Act 1 : "Restate! Al mio regal cospetto"（Filippo, Rodrigo）［13：00］

ドン・カルロの秘密

　第1幕までは、ロドリーゴにとって順調に事が進みました。フランドルを救うためにドン・カルロをその統治者として迎え入れる段取りです。国王フィリッポ2世の信頼も勝ち得ましたので、あとはタイミングを見計らうだけ。しかし、第2幕に入って、ある事件が起こります。

　それは、王妃エリザベッタの女官であるエボリ公女に、ドン・カルロがいまでも王妃を愛していることを知られてしまったのです。エボリ公女は、王妃の前でぎこちなく、彼女を避けるようにしているドン・カルロを見ていましたが、まさか母と義理の息子の関係を疑うことはなかったのです。むしろ、ドン・カルロは、王妃の近くにいる自分のことを意識しているのではないか、と思い始めていました。史実でもエボリ公女は、隻眼ではあるものの絶世の美女だったといわれています。エボリ公女も、王子のドン・カルロと恋仲になることを望みます。

　エボリ公女は、ドン・カルロに宛てて、真夜中に密会を望む手紙を送りました。ドン・カルロはこれを王妃エリザベッタからのものだと勘違いしてしまうのです。真夜中に指定の場所で待つドン・カルロのところに、ヴェールで顔を覆ったエボリ公女が近づきます。そして彼女に、ドン・カルロは愛の言葉を投げかけたのです。

はじめはドン・カルロの言葉に喜んでいたエボリ公女でしたが、次第に違和感を持ち始めます。逆にドン・カルロも彼女がエリザベッタではないことに気がつき、彼女を突き放します。エボリ公女は、せっかく得られるはずだった王子の愛は、いったい誰に向けてのものなのかと考えます。そして、たどり着いた答えとして彼に言ったのです。なんという秘密なのか、あなたは王妃を愛している、と。

　このとき、ロドリーゴがその場所に駆けつけます。秘密を知ったからには生かしておいては危険だということで、ロドリーゴは短剣を抜いて彼女の口を閉ざそうとしますが、これはドン・カルロに止められます。ロドリーゴはそれでも彼女に黙っているように脅しますが、エボリ公女も引き下がりません。ロドリーゴに対して、あなたは国王の信頼が厚いようだが、私の力を知りはしない、と言い放ちました。実はエボリ公女は、国王フィリッポ2世と愛人関係にあったのです。エボリ公女はメゾ・ソプラノの役で、このオペラの重要な登場人物の一人です。エボリ公女は、ひとまずこの場を立ち去ります。

　ロドリーゴとしては、秘密を他者に知られたことで、このあとドン・カルロが何に巻き込まれるのか心配になります。そこでロドリーゴは、念のため、ドン・カルロがすでにフランドル側と通じてやりとりをしていた証拠となる機密文書を彼から預かることにします。ドン・カルロはフランドルにとって希望であって、万が一にも、その身を守る必要があったからです。

火刑台の場

　さて、第2幕の後半では、もう一つ事件が起こります。それをみていきましょう。

　この第2幕の後半は、火刑台の場として有名です。同じヴェルディのオペラ『アイーダ』には凱旋の場があり、大掛かりなセットや群衆とともに豪華絢爛な舞台が作られます。『ドン・カルロ』にも、

この火刑台の場で大規模なセットと合唱隊が用意され、スペクタクルな場面を作ります。違いとしては、『アイーダ』の凱旋の場は勝利による喜びの場面ですが、『ドン・カルロ』の火刑台の場は、カトリックからみれば異端者である新教徒プロテスタントを処刑する場面であることです。

> ■ 第2幕　合唱
> 「歓喜の日の夜が明けた」
> Act 2 : "Spuntato ecco il dì d'esultanza"（Chorus）　　　　　　［9：00］

　この場面で、どんな事件が起こるかというと、臨席した国王フィリッポ2世と王妃エリザベッタの前に突然、ドン・カルロがフランドルの使節6人を連れて現れたのです。群衆に見守られる前で、国王に、フランドルの平和を願って直訴します。ドン・カルロがなぜこのような行為に出たのかは、はっきりとわかりません。フランドルの平和に対する義の思いなのか、王妃への愛が見境をなくさせたのか、また、父である王への憎悪がそうさせたのか。いずれにせよ、この無謀な行為を王側からうかがっていたロドリーゴは、何のつもりでこんなことをするのか、身を滅ぼすことになると独白します。

　さらに悪いことに、フランドルの使節の願いを拒否する国王に対して、ドン・カルロは気持ちが高揚して剣を抜いてしまうのです。王子が国王の面前で剣を抜くという異常な事態になってしまいます。もちろん激怒したフィリッポ2世は、ドン・カルロから剣を取り上げるように命じます。しかし、うわべだけの忠臣たちは、誰もドン・カルロの剣を取り上げようとしません。相手は王子です。いったいどう振る舞えばいいのか、フィリッポ2世の忠臣たちは戸惑うばかり。とうとう国王自身がその手に剣を取ったそのときです。ドン・カルロの前に立ちはだかった者がいました。それはロドリーゴでした。彼はドン・カルロの剣を奪い、ひとまずここでは彼を捕ら

え、事を収めることにします。

バス歌手の二重唱

　第2幕で起こった2つの事件によって、ドン・カルロは窮地に立たされることになりました。王妃との疑惑は、いつ明るみに出るかわからない。また、肝心のドン・カルロ自身が地下牢に幽閉されてしまったのです。ロドリーゴとしては、望まない展開だといっていいでしょう。

　さらに、実はロドリーゴ自身にも危険が迫っていました。ロドリーゴにも嫌疑がかけられていたのです。新教徒を扇動しているのではないか、という疑いです。フランドル地方への遠征から軍務を放棄して帰ってきたことは明らか。異端者を取り締まるカトリック教会では、ロドリーゴの挙動を追っていました。彼は、教会側にいて、実はフランドルの新教徒と通じているのではないかと疑われていたのです。

　第3幕では、国王フィリッポ2世の前に、宗教裁判長が現れます。90歳を超えた盲目の老人であるこの人物は、バス歌手によって歌われます。この時代には宗教裁判長のような聖職者は、国王よりも巨大な権力を備えていました。そして、この老人は国王に対して、ロドリーゴを差し出すように要求します。フィリッポ2世としては、宮廷内で唯一といってもいい信頼できる忠臣のロドリーゴが、謀反人として捕らえられることを見過ごすわけにはいきません。これを断りますが、宗教裁判長は、もしロドリーゴをかくまうのであれば、次はあなたが裁かれることになると言い放ちます。

　第3幕　二重唱（フィリッポ2世、宗教裁判長）
　「私は王の前にいるか？」
　Act 3："Son io dinanzi al Re？"（Filippo, L'Inquisitore）　　　［9：00］

このフィリッポ2世と宗教裁判長との問答は、二人のバス歌手による迫力ある二重唱で構成されています。王と神が真っ向から対峙する場面といえるでしょう。同じバス歌手、それに深さと威厳を兼ね備えた声をもつ歌手が、激しい心理戦を歌で表現します。比較的珍しいバスの二重唱として、注目される場面の一つです。

ロドリーゴの決断

なぜ教会側は、疑いをかけたロドリーゴが本当に新教徒と通じていると判断したのでしょうか。宗教裁判長自らが国王のもとに出向いて国王に詰問するためには、確たる証拠が必要です。

ロドリーゴは、火刑台の場でドン・カルロを結果的に牢獄に送ることになりましたが、その直後、2つのことを実行に移していました。その1つ目は、ドン・カルロから預かっていたフランドルとの機密文書をすべて自分のものとし、ドン・カルロの罪を潔白なものにすることです。当然、この行動は自分の死を意味します。ロドリーゴは自らが罪をかぶり、教会側に証拠が渡るように仕組んだのです。そして、無罪放免になったドン・カルロをフランドルへと向かわせようとします。これでとうとうフランドルにドン・カルロを統治者として迎え入れることが実現するのです。

2つ目は、王妃に事の次第を話し、ドン・カルロとの最後の別れをしてもらうことです。国王の前で、この恋が成就することは決してありません。ドン・カルロがフランドルに旅立つ前に会って、永遠の別れをしてもらうことにしました。これは、ロドリーゴが国王から頼まれた悩みの解消、すなわち王妃と王子の疑惑に終止符を打つことにもつながります。ロドリーゴは、自らを犠牲にして、ドン・カルロ、王妃、国王、そしてフランドルを救おうとしたのです。

このあとオペラは第4幕で、月夜の静かな修道院でドン・カルロとエリザベッタが永遠の別れを決意し、ドン・カルロが不思議な力によって旅立つところで終幕となります。

ロドリーゴはというと、刺客によって撃たれ、命を奪われます。これは国王側の刺客の銃弾であり、教会の権力に屈した形になりました。ロドリーゴはすべての罪をかぶったことから、結果的にはフィリッポ2世の信頼を裏切ったことにもなります。しかし、フィリッポ2世には、ロドリーゴが銃弾に倒れたさまを見て、彼を失ったことを嘆く台詞があるのです。フィリッポ2世がどこまでロドリーゴの行動に理解があったのか、彼のことをどのように考えていたのか、それは私たちの解釈に委ねられています。

国王の悩み

　以上が、ロドリーゴを軸としたストーリーの流れです。ロドリーゴ役という架空の人物が創造されたことで、史実の登場人物たちが行き交い、そこにドラマが生まれました。

　それでは、物語の背景を押さえたうえで、オペラ『ドン・カルロ』の大きな魅力であるアリアを紹介していきます。すでにこのオペラの登場人物たちが様々な状況下にあり、複雑な感情を抱いていることを説明しました。作曲家のヴェルディが、これらの人物たちをどのように音楽で描き、そして、どのような「歌」を歌わせようとしたのか、以下のアリアを鑑賞してみましょう。

　まず、このオペラ全体のなかで、最も注目したい場面でもあるフィリッポ2世のアリアです。

> 第3幕　フィリッポ2世のアリア
> 「彼女は私を愛したことがない──ひとり寂しく眠ろう」
> Act 3 : "Ella giammai m'amò... Dormirò sol nel manto mio regal"
> (Filippo)
> [10 : 00]

　このアリアは、オペラのほぼ中心、第3幕の冒頭に位置しています。フィリッポ2世という役は、国王、すなわち絶対的な地位にあ

るにもかかわらず、人間としての悩みや悲しみを抱えているところなど、深い感情を表現する必要があります。それだけに、バス歌手にとって、大変やりがいがある役だといえるでしょう。

フィリッポ2世は、このときどのような状況にあったのでしょうか。第2幕の火刑台の場で、息子が公衆の面前で王である自分に向かって剣を抜き盾突いたことから、彼を地下牢に閉じ込めることになりました。もちろん死罪に値する行為ですが、後継者でもある彼をどう裁けばいいのか考慮する必要があります。

信頼する忠臣ロドリーゴからは、フランドルで起こっている事実を突き付けられ、正義を求められています。しかし、自らの信念に従って非情になることも政治には求められます。政治の正しさは後世の歴史が証明するものです。さらに、頼みのロドリーゴは、教会側から疑いの目を向けられて監視を受けています。

ただしこれらを超える最大の苦悩は、妻であるエリザベッタが決して自分のことを愛していないこと。彼女が心を閉ざしていることにあります。国王という強大な権力を握りながらも、たった一人の女性の心を動かすことができないのです。それに加えて、老いや孤独といった現実も突き付けられます。

アリアの前奏は、第3幕の前奏でもあります。チェロの独奏に導かれて、あたかも眠りが浅かった気だるい明け方に、物思いに沈む国王の姿を垣間見ることができます。

隻眼の美女エボリ公女の過ち

さて、なぜフィリッポ2世は、妻のエリザベッタが自分のことを愛していないと断言できたのでしょうか。ドン・カルロとエリザベッタの関係については、フィリッポ2世にとってまだ疑惑にとどまっていたはずです。

しかし、フィリッポ2世は証拠を得ていました。エリザベッタが彼のもとにやってきて、自分の宝石類が入った小箱が盗まれたと訴

えます。そのとき、フィリッポ2世が指し示したテーブルの上にあったのは、その盗まれた小箱でした。驚きと恐れを示すエリザベッタ。国王はそれをこの場で開けるように言いますが、エリザベッタは拒否します。そこでフィリッポ2世自身がこれを開けると、宝石とともにドン・カルロの肖像画が現れたのです。フィリッポ2世は、この事実をエリザベッタに突き付けます。しかし、エリザベッタは、かつて自分が王子と婚約していたことをあなたもよく知っているはず、私は潔白だと言い切ります。それでも、フィリッポ2世は彼女に非があると責めたてたため、彼女は気を失って倒れてしまいます。

　場面は変わり、エリザベッタのことを王妃の女官であるエボリ公女が介抱し、エリザベッタも気を取り直します。そこで、エボリ公女は、自分が犯した罪を告白します。小箱を盗んで国王に渡したのは自分である、と。ドン・カルロのことを愛し、しかし、彼に拒絶されたため、王妃に対して嫉妬と憎悪の気持ちをもってしまった、だからそんなことをやってしまった、と王妃の足元に身を投げ出して許しを乞います。エリザベッタは、立つように言ってこれを許しました。しかし、エボリ公女が告白したのはこれだけではなかったのです。彼女は、国王と男女の関係をもった過ちをも認めたのです。

　エリザベッタは、エボリ公女に宮廷から立ち去るように命じ、その場から出ていきます。舞台に一人残されたエボリ公女は、自らの罪を後悔してアリアを歌います。自らの虚栄心や過信が、取り返しのつかない罪を犯すことになった後悔、また、自分の浅はかな行動で窮地に立たされたドン・カルロへの想いなどを歌い上げます。

第3幕　エボリ公女のアリア
「運命の贈り物、残酷な贈り物」
Act 3："O don fatale, o don crudel"（Eboli）　　　　　　　　［5：15］

ロドリーゴの死

　地下牢に幽閉されたドン・カルロでしたが、前述したようにロドリーゴが彼の罪をすべてかぶり、彼は無罪放免になります。そのことを伝えに、牢獄に囚われたドン・カルロのもとをロドリーゴが訪ねます。そして、ロドリーゴは彼に、別れのときがきたと言ってアリアを歌います。

> 第3幕　ロドリーゴのアリア
> 「私の最後のときがきました」
> Act 3 : "Per me giunto è il dì supremo"（Rodrigo）　　　　[3 : 00]

　ドン・カルロとしては、証拠の機密文書を持っていったロドリーゴが自分を救ったと言ったので、ロドリーゴが何をしたのか、すぐに察しがつきました。そして、親友の命を賭した行動に涙するのです。前述のアリアでは、ロドリーゴ役の歌唱とともに、彼の決断を察するドン・カルロ役の演技にも重要な役割があります。
　ロドリーゴはアリアを歌い終わると、ドン・カルロに統治者としてフランドルの人々を救ってほしいと頼みます。その瞬間でした。1発の銃声が鳴り響き、ロドリーゴは刺客によって撃たれて命を奪われます。瀕死の状態でロドリーゴは、ドン・カルロに支えられながら惜別の歌としてもう1曲のアリアを歌います。

> 第3幕　ロドリーゴのアリア
> 「私は死にます、しかし心は満ち足りて」
> Act 3 : "Io morrò, ma lieto in core"（Rodrigo）　　　　[2 : 45]

　ロドリーゴはドン・カルロに、聖ジュスト修道院へ向かうように言います。そこには、すべてのことを知っている王妃が待っている

のです。そしてロドリーゴは、ドン・カルロというフランドル、そしてスペインの救世主を残して自分が死ぬことに満足して、ドン・カルロの腕のなかで絶命しました。

ヴェルディ最後の大アリア

　最後の幕となる第4幕では、ロドリーゴの言うとおり聖ジュスト修道院に向かったドン・カルロが、そこでエリザベッタと会い、二人はお互いの運命を受け入れ、永遠の別れを決意します。

　ドン・カルロが修道院に来る前、彼のことを待つエリザベッタは、これまでのことを回想して自らの運命を受け入れるアリアを歌います。オペラ『ドン・カルロ』のなかには、これまでみてきたとおり、誰もが主役といえるような個性豊かな登場人物が行き交います。そうした登場人物たちの運命をもすべて包み込むように、薄幸の王妃が神に向かって慈悲を求めるのがこのアリアです。

> 第4幕　エリザベッタのアリア
> 「世の虚しさを知る神」
> Act 4："Tu che le vanità"（Elisabetta）　　　　　　　［12：00］

　神よ、あなたはこの世の虚しさを知っている……と歌うこのソプラノのアリアは、作曲家のヴェルディがたどり着いた本格的なアリアの終着点ともいえるでしょう。

2 ヴェルディ・オペラの名曲
──『椿姫』『アイーダ』『オテロ』などのアリアと名場面

ヴェルディのオペラ・アリア──ソプラノ篇

　ヴェルディのオペラがなければ世界中のオペラハウスの経営が成

り立たないほど、ヴェルディのオペラは傑作ぞろいです。そして、特にヴェルディのオペラは「歌」の力が強く、それだけにヴェルディの諸役を歌うオペラ歌手には、その技量が試されます。ヴェルディのオペラにちりばめられた数多くのアリアを歌うオペラ歌手の競演こそ、オペラの醍醐味といえるでしょう。

ここからは、声域別にヴェルディのオペラにどんなアリアがあるのかを紹介していきます。いずれも甲乙つけがたい名曲が目白押しです。まずはソプラノ篇から始めます。

ヴェルディ・オペラのソプラノの役として『椿姫』のヴィオレッタを外すことはできません。ヴィオレッタには、第1幕のアリア「ああ、そはかの人か──花から花へ (Ah! fors' è lui che l'anima... Sempre libera degg'io folleggiare)」と、第3幕のアリア「さようなら、過ぎ去った日よ (Addio del passato)」の性格の異なる2つのアリアが用意されていて、これらを含めて、オペラ全体を通して、薄幸のヒロイン像をどのように描ききるのかが試されます。なお、『椿姫』にはヴィオレッタとアルフレードによる有名な「乾杯の歌 (Libiamo ne' lieti calici)」があり、合唱を伴ったオペラらしい華やかな舞台が形作られます。

ソプラノ役がタイトルロールになっているオペラとしては、『アイーダ』があります。『アイーダ』は、エジプトのカイロのオペラハウスからヴェルディが委嘱されたオペラで、舞台は古代エジプトです。第2幕では、エジプトが戦争で勝利して母国に凱旋する場面で「凱旋行進曲 (Triumphal March)」が演奏されます。第1幕のアイーダのアリア「勝ちて帰れ (Ritorna vincitor!)」では、祖国とその王である父を思う気持ちと、敵国の恋人ラダメスとの間で板挟みになっている苦しみを歌います。後半のカンタービレ (cantabile「歌うように」の意味) の部分で、その苦しみへの慈悲を神に祈りますが、そのときピアニッシモで歌い続ける繊細さが必要です。また、第3幕の「おお、私のふるさと (O patria mia)」も、哀愁漂うオーボエ

の旋律とともに、ピアニッシモで高音を歌い続ける必要がある難度が高いアリアです。

ソプラノの主役は悲劇のヒロインとして描かれることが多く、そのなかでもウィリアム・シェイクスピアの戯曲を原作とする『オテロ』のデズデーモナには、疑いが晴れないまま殺されてしまう悲しい運命が待っています。第4幕では、デズデーモナはその死の運命を予感しながら、「柳の歌（Piangea cantando nell'erma landa）」と「アヴェ・マリア（Ave Maria）」の2曲を歌います。

『イル・トロヴァトーレ』のレオノーラも、美しいヒロイン像を描いたソプラノの役です。レオノーラは第1幕のアリア「静かな夜（Ne'tornei... Tacea la notte placida... Di tale amor）」で吟遊詩人（トロヴァトーレ）であるマンリーコへの愛と喜びを歌い上げます。しかし、第4幕では捕らわれの身となったマンリーコを救うための自己犠牲の決意も含め、張り詰めた思いをアリア「恋はばら色の翼に乗って（D'amor sull'ali rosee）」で表現します。

同じソプラノの役でも、『リゴレット』のジルダ役にはコロラトゥーラの技術も求められます。道化師リゴレットの最愛の娘ジルダは、貧しい学生（実は好色なマントヴァ公爵）に恋をし、第1幕でアリア「慕わしい人の名は（Caro nome che il mio cor）」を歌います。このアリアは、ソプラノの声質として幅広い豊かな表現力をもつリリコより、軽快で小回りがきく声であるリリコ・レッジェーロに合うといえるでしょう。

逆に、より強い声で劇的な歌唱が必要な役もあります。『仮面舞踏会』のアメーリア役もその一つです。総督リッカルドの忠臣であるレナートの妻アメーリアは、リッカルドを愛してしまったために、忍び寄る恐ろしい運命に怯えます。第2幕の冒頭のアリア「あの草を摘み取って（Ma dall'arido stelo divulsa）」では、アリアの途中で真夜中の12時を打つ鐘の音が響き、その後もドラマティックな歌唱が要求されます。また、第3幕では、妻の裏切りを知ったレナート

から死を選ぶように命じられ、アメーリアは最後に息子を抱きしめさせてほしいと母としての願いをアリア「私の最後の願いを (Morrò, ma prima in grazia)」で歌います。

『マクベス』のマクベス夫人も、ソプラノ・ドラマティコの難役といえます。マクベス夫人はこのオペラの最重要人物です。第1幕で予言のことをマクベスからの手紙で知ったマクベス夫人は、夫を王座に就かせようと野心を募らせます。手紙を音楽が付いていない台詞として読む部分から入るアリア「さあ急いでいらっしゃい (Ambizioso spirto... Vieni t'affretta! accendere)」では、曲の冒頭から力強い声を必要とします。王座を確実なものとするために、第2幕でマクベスとマクベス夫人はさらなる殺人に手を染めようとします。マクベス夫人は、アリア「日の光が薄らいで (La luce langue, il faro spegnesi)」を歌いますが、この曲では自らが権力の虜になるさまが描かれます。そして、第4幕でマクベス夫人は、手についた王の血が消えないことに怯え、夢遊の場として知られるアリア「消えよ、呪われたこの血痕よ (Una macchia è qui tuttora)」で、ついには精神を病んで狂死するのです。

ヴェルディのオペラ・アリア——メゾ・ソプラノ、アルト篇

　同じ中・低声域でも男声には多くのタイトルロールやキーパーソンを施したヴェルディでしたが、メゾ・ソプラノやアルトでオペラの中心になる登場人物はあまり存在しません。しかし、そのなかでも『アイーダ』のアムネリス役は、アイーダ役に変わってタイトルロールにしてもよかったといえるほどの存在感があります。特に、『アイーダ』の第4幕にある「審判の場 (Judgement Scene)」でアムネリスは、王女としてほしいものはすべて手に入れられるにもかかわらず、愛する人ラダメスの心を動かすことができない。さらには彼を死に追いやる結果になったことに苦しみます。アムネリスはアリアを歌うことはないのですが、「審判の場」はヴェルディのメ

ゾ・ソプラノ役にとって最高の名場面といえるでしょう。

『イル・トロヴァトーレ』のアズチェーナも、このオペラにとって重要な役の一つです。このオペラの物語は、すべてこの役の手の内で進んでいくことになります。アズチェーナは、第2幕のアリア「炎は燃えて（Stride la vampa!）」で、自分の母が魔女と疑われ、ルーナ伯爵家によって火あぶりにされた情景を語ります。このアリアはトリルが多用され、細かい声のコントロールが必要な点で難曲の一つです。その後、息子のマンリーコに対して、処刑のときにルーナ伯爵家の赤子を奪い、夢中で炎のなかに投げたものの、間違えて自分の子どもを投げ入れてしまったことを語るアリア「重い鎖につながれて（Condotta ell'era in ceppi）」は、全体として旋律が次々と変化するシェーナとして構成されていて、歌唱の際にそれぞれの部分で表現に工夫が求められます。

　人を惑わす女占い師として存在感を示すのが、『仮面舞踏会』のウルリカ役です。ウルリカは第1幕で、登場のアリアである「地獄の王よ（Re dell'abisso, affrettati）」を歌い、その後の彼女の予言によって、主人公たちの悲劇が始まるのです。

ヴェルディのオペラ・アリア——テノール篇

　ヴェルディのオペラにも、やはりオペラの花形であるテノールには、多くのアリアや名場面が用意されています。まず、タイトルロールにもなっている『オテロ』からみていきましょう。

　オテロ役はテノールのなかでも、力強く、輝かしい声をもつドラマティコと呼ばれる歌手が歌います。オテロ役にふさわしい声かどうかは、第1幕のオテロが登場する場面での第一声によって証明されます。ヴェネツィア共和国の将軍オテロは、キプロス島の近海に侵入したトルコ艦隊を撃破して、「高慢な敵は海に沈んだ（Esultate! L'orgoglio musulmano）」と勝利を宣言するのです。短いフレーズながら勝者としての確固たる高音を響かせなければなりません。

その後、祝杯を挙げていたキプロス島の兵士たちの宴の席でけんかが起こり騒ぎになっているところで、再度オテロが登場し、「剣を捨てよ！（Abbasso le spade!）」と騒ぎを鎮めます。ここでも、威厳ある高音を出す必要があります。

　しかし、こうしたオテロの英雄像は、イアーゴの奸計によって次第に失われることになるのです。第2幕のオテロのモノローグ「清らかな思い出は遠い彼方に（Ora e per sempre addio, sante memorie）」では、怒りと焦りからか、ヒステリックな歌になります。また、第3幕のオテロのモノローグ「神よ！あなたは私に不幸のすべてを与えた（Dio! mi potevi scagliar）」は、フラットが7音すべてに付く変イ短調で、強弱記号のピアノが4つ付いて開始します。印象的な弦楽器の旋律の上で、英雄オテロの歌は、すでに歌を超えた苦悩の独白になるのです。

　そして、とうとう愛すべき妻デズデーモナを自らの手で殺してしまったオテロは、自らの胸を短刀で刺します。「オテロの死（Niun mi tema）」と呼ばれるこの幕切れの場面は、歌だけでなく演技力も問われるテノール歌手最大の見せ場です。

　同じテノールが演じる将軍として、『アイーダ』ではエジプトの将軍ラダメスが主人公です。ラダメスは、神託によってやがてエチオピア討伐の指揮官を命じられます。第1幕冒頭、ラダメスはアリア「清きアイーダ（Celeste Aida）」で、戦争に勝利した暁には、王女に仕える侍女アイーダに自らの愛と自由をささげたいと歌います。上昇する音階が使われる旋律は、ラダメスの気持ちの高揚を表しているかのようです。

　『仮面舞踏会』の第3幕では、ボストンを統治する総督リッカルドが、愛するアメーリアとその夫であり忠臣であるレナートを祖国イギリスに帰すことを決意します。このときリッカルドによって歌われるアリアが「永久に君を失えば（Ma se m'è forza perderti）」であり、アメーリアへの許されざる恋心を何とか断ち切ろうとします。

美しい旋律線が描かれるアリアです。

　テノールの歌唱には、高音を響かせることが求められ、このような点からも技術的に難しい役が多くあります。『イル・トロヴァトーレ』のマンリーコは楽譜に書かれていない「ハイC（ドイツ語でツェーと読む、高い「ド」の音）」を出すことが慣習化しています。第3幕では、アリア「ああ、愛しい我が恋人よ（Ah! sì, ben mio）」でレオノーラへの愛の決意を叙情的に歌ってから、続くアリア「見よ、恐ろしい炎を（Di quella pira l'orrendo foco）」で捕らわれた母を助けにいくと、合唱を伴った劇的なフレーズを歌ったあと、最後にこのハイCを響かせることが期待されるのです。

　『運命の力』のアルヴァーロも、ヴェルディのテノールの諸役のなかで難役の一つとされています。恋人のレオノーラとともに駆け落ちしようとしたアルヴァーロは、その際にピストルが暴発したばかりに、彼女の父を殺害してしまいました。レオノーラとは逃亡中にはぐれてしまい、アルヴァーロは彼女がすでに死んだものと思っています。第3幕の冒頭、イタリアの戦場で士官として従軍していたアルヴァーロは、アリア「天使の胸に抱かれる君は（Oh, tu che in seno agli angeli）」で、彼女への想いと一人生き永らえている苦しみを歌います。

　また、テノールには、みずみずしい声を必要とする若者の役があります。『椿姫』のアルフレードがその典型であり、第2幕のアリア「燃える心を（De' miei bollenti spiriti）」で恋人ヴィオレッタとの愛がある生活に喜び、それに続く「ああ、私の後悔！（O mio rimorso!）」ですぐに短絡的な行動に出る様子が描かれます。熱しやすく、また、流されやすいアルフレードの若さ。それもまたテノール歌手の表現としての見せどころであり、その魅力の一つといえるでしょう。

　テノール篇の最後に、『リゴレット』のマントヴァ公爵の軽快なアリアを取り上げます。第1幕のアリア「あれかこれか（Questa o quella)」は、今日はこの女、明日は別の女、という歌詞であり、まさに好色なマントヴァ公爵の性格を示すものです。また同様に、女心の歌と呼ばれる第3幕のアリア「風のなかの羽のように（La donna è mobile qual piuma al vento)」も公爵が軽妙に歌います。しかし、女心の歌は、『リゴレット』の核心である物語の最後の急転場面「ついに復讐のときがきた！（Della vendetta alfin giunge l'istante!)」のなかでもマントヴァ公爵によって歌われます。この歌を耳にしたリゴレットは殺害したはずの公爵がまだ生きていることを知り、絶望の淵に立たされるのです。公爵の代わりに殺害されたのが自分の娘だったと知る展開を思えば、軽妙であるがゆえに残酷な歌でもあります。

ヴェルディのオペラ・アリア——バリトン篇

　ヴェルディのオペラでバリトンが重要視されていることは、タイトルロールにバリトンの役名を冠しているオペラが目立つことからもよくわかります。タイトルロールだけでなく、特にオペラのキーパーソンに、豊かな表現力をもつ中声域のバリトンをあてることで、オペラ全体をドラマティックなものにしています。このようなヴェルディのオペラの主役級の役を、力強い確かな発声と十分な表現力で歌うことのできるバリトン歌手をヴェルディ・バリトンといいます。

　ヴェルディ初期の作品から、まず『ナブッコ』を取り上げましょう。このオペラで最も有名な曲は、第3部（幕）で強制労働を強いられるユダヤの人々が、故郷を想って歌う感動的な合唱曲「行け我が想いよ、黄金の翼に乗って（Va, pensiero, sull'ali dorate)」です。ヴェルディ最初の成功作となった『ナブッコ』は、オペラ全体で強いエネルギーを有する作品です。主役のナブッコをバリトンが歌います。第4部（幕）冒頭で悪夢から覚めたナブッコが歌うアリア「ユダヤの神よ（Dio di Giuda)」では、自らの慢心を省みて神に許し

を乞います。その後、合唱を伴った「勇敢な兵士たちよ、私に続け（O prodi miei, seguitemi）」で、ナブッコは王座を取り返すことを宣言するのです。

　初期の作品としてもう一作『マクベス』は、ヴェルディにとってシェイクスピアの戯曲を原作とした最初のオペラです。タイトルロールのマクベス役はバリトンが歌います。マクベスは実在する人物で、スコットランド王を殺して自ら王座に就いたのも事実です。オペラでは、魔女たちの予言に踊らされ、権力の座を維持するために次々と殺人を犯します。マクベスは、そのような自身の行為を恐れ、狼狽します。野心による非道な行為の果て、つまりは救われない末路を予感して、第4幕のアリア「哀れみも、誉れも、愛も（Pietà, rispetto, amore）」を歌います。この曲は、雄大な旋律線をもつ名アリアです。

　次にヴェルディ中期の傑作『リゴレット』のタイトルロールは、宮廷でマントヴァ公爵に仕える道化師として他人を笑わせることを生業にしていますが、一人娘を育てる父親としての情愛なども表現する必要があり、バリトン歌手にとって難役の一つといえるでしょう。第1幕のアリア「私たちは同類だ！（Pari siamo!）」では、剣で人を殺める殺し屋と同様、道化師は人を笑いものにするといって自らを卑屈に嘆きます。他人を嘲笑したことで恨みを買い、不安を覚え、その心情を独白します。この曲は聴かせどころとしてシェーナと呼ばれる形式であり、会話のように台詞を歌っていくレチタティーヴォが発展したものです。より直接的にリゴレットの感情が伝わってきます。

　第2幕でリゴレットは、娘のジルダが廷臣たちに捕らわれたため、宮廷でジルダのことを捜します。マントヴァ公爵の家来に娘を返せと激怒して歌うのが、「悪魔め、鬼め（Cortigiani, vil razza dannata）」です。リゴレットの怒りが次第に哀願となり、また、それが絶望へと変わるさまが音楽で描かれています。

同じ父親の立場として、『椿姫』でヴィオレッタに自分の息子と別れるように言うジェルモンの役については、善悪の評価が分かれるところかもしれません。しかし、ジェルモンもまた、一方の立場からの苦しみや悲しみを抱えていたことは理解することができます。アルフレードに対して、ジェルモンは父として、プロヴァンスの美しい故郷に戻り、また家族で平和に暮らそうと説きます。第2幕のアリア「プロヴァンスの海と陸（Di Provenza il mar, il suol）」は、美しい風景が目に浮かぶような緩やかな音楽に乗せて、父の願いを表現します。

　ソプラノやテノールが高音を出す技術が求められるのに対して、バリトンにはその歌唱の表現力が問われます。しかし、だからこそヴェルディはオペラの作曲に際してバリトンがもつ表現力を最大限に生かそうとし、キーパーソンの役割を与えました。それは、「名作Pick Up」で取り上げた『ドン・カルロ』でロドリーゴが果たした役割でも確認ずみです。オペラ『仮面舞踏会』のバリトンの役はレナート。忠臣として、また、第一の友人として総督リッカルドのそばにいました。しかし、その彼と自身の妻アメーリアとが真夜中に密会していたことを知り、怒りを両者にぶつけます。第3幕のレナートのアリア「お前こそ心を汚すもの（Eri tu che macchiavi quell'anima）」では、総督に対して復讐を誓う劇的な歌唱から、一転して失われた愛や思い出を振り返る叙情的な歌唱まで、幅広い表現力を必要とします。

　巧みな表現力を伴うヴェルディ・バリトンの重要なレパートリーとして、『オテロ』のイアーゴ役は外せません。将軍オテロのことを憎むイアーゴの悪人ぶりはオペラ界随一といっていいでしょう。彼はオテロに、オテロの部下で出世が早いカッシオとオテロの妻デズデーモナとの仲が怪しいと吹き込みます。オテロの嫉妬心をあおるのです。イアーゴは第2幕のアリア「ある夜のことでした（Era la notte）」で、カッシオが寝言でデズデーモナの名を口にして、二人

の愛は秘密にしておこうとうわ言を吐いていたと、オテロにささやきます。このアリアの歌唱のための発想記号は、全編でメッツァ・ヴォーチェ（mezza voce「半分の声で」の意味）、さらに、ソット・ヴォーチェ（sotto voce「小声でささやくように」の意味）が付いています。まさにオテロの耳元で、悪魔のようにささやくわけです。

　第2幕で「イアーゴの信条」と呼ばれるアリア「俺は信じる、残忍な神を（Credo in un Dio crudel）」では、イアーゴは神ではなく悪魔を信じることを力強く宣言します。決しておのれを省みることなく邪悪な道を突き進み、周りの人間を悲劇に引きずり込む恐ろしい役です。

　さて、深刻な役を多く取り上げてきましたが、ヴェルディ最後のオペラ『ファルスタッフ』のタイトルロールに登場してもらって、本章を閉じることにしましょう。ヴェルディはその生涯の最後にシェイクスピアの戯曲を原作として喜劇を作曲しました。卓越したアンサンブルが特徴の『ファルスタッフ』ですが、ここではファルスタッフ自身のアリアをみていきます。老騎士ファルスタッフは太った無頼漢。第1幕で二人の女性の両方に宛てて、同じ文面の恋文を届けるように子分に命じます。子分たちが、騎士としての名誉に関わるからそんなことはできないというので、ファルスタッフは怒って、アリア「名誉だって！泥棒めが！（L'Onore! Ladri!）」を歌います。名誉でおなかいっぱいになるのか、名誉は言葉にすぎない、そんなものはほしくない、とわめき散らすのです。

　同じ恋文を出した二人の女性からは、きちんと仕返しを受けます。第2幕でファルスタッフは、洗濯かごに入れられたまま窓から川に投げられ、ずぶ濡れになりました。そして第3幕冒頭、ファルスタッフはガーター亭にたどり着き、亭主にワインを頼みます。ここで歌われるアリアが「おい亭主！ひどい世界だ（Ehi! Taverniere! Mondo labro)」です。洗濯物と一緒に川に放り込まれて、ファルスタッフも少しは苦い思いを味わったわけです。しかし、お前の道を

行け、と自らを鼓舞します。このアリアの注目点は、途中で亭主が
ワインを持ってきて、それを飲んだファルスタッフが次第にほろ酔
い気分になる楽しい様子を描いているところです。ヴェルディが楽
しんで作曲していたことが伝わってくるかのようです。

ヴェルディの生涯とオペラ

　ヴェルディは1813年10月10日、イタリアのブッセートで生
まれ、旅館兼雑貨店の家で育ち、教会のオルガン奏者の手ほど
きで音楽を学びました。ミラノでも学び、作曲の独学を進めて
いきます。

　1836年（23歳）に故郷の支援者の娘マルゲリータと結婚し、
初めてのオペラ『オベルト』のミラノ・スカラ座初演も成功さ
せます。しかし、1男1女の子たちが1歳で亡くなり、40年（27
歳）、マルゲリータとも死別しました。その2年後、スカラ座で
初演された『ナブッコ』は観客に熱狂的に迎えられ、ヴェルデ
ィは新しいイタリア・オペラの表現方法を打ち立てます。この
初演に出演したソプラノ歌手のジュゼッピーナ・ストレッポー
ニと恋仲になり、パリやブッセートで一緒に暮らします。その
間、『リゴレット』『イル・トロヴァトーレ』『椿姫』『仮面舞踏
会』など数々の名作オペラを生み出したヴェルディは富と名声
を得て、59年（46歳）にはジュゼッピーナと結婚。

　その後は、農園を経営したり国会議員になったりしながら、
ゆっくりとオペラの作曲を進めます。パリ・オペラ座から委嘱
された『ドン・カルロ』と、スエズ運河開通記念でカイロの劇
場から委嘱された『アイーダ』は大成功を収めます。『アイー
ダ』のスカラ座初演でタイトルロールを歌ったテレーザ・スト
ルツとは、ヴェルディと20歳以上の差がありましたが、のち

に親密な関係になりました。『アイーダ』から15年以上あけて『オテロ』を仕上げ、最後のオペラ・ブッファ『ファルスタッフ』の初演は1893年、80歳のときです。ヴェルディは私財を投じて、ミラノに老音楽家のための「憩いの家」を建てました。1901年1月27日、87歳で亡くなったヴェルディの遺体もジュゼッピーナとともにそこに埋葬されています。

ヴェルディのオペラ以外の歌

　ヴェルディの声楽曲では、爆発するような「ディエス・イレ（怒りの日）（Dies Iræ）」が特徴の『レクイエム（Messa da Requiem）』が人気ですが、『聖歌四篇（4 Pezzi Sacri）』も、4曲目の「テ・デウム（我ら主をほめたたえん）（Te Deum）」を筆頭に充実した音楽を聴くことができます。歌曲では、最初のオペラが初演される前に、6つのロマンスとして出版された曲集のうち「寂しい部屋で（In solitaria stanza）」「ああ悲しみの聖母よ（Deh, pietoso, oh Addolorata）」がよく演奏されます。晩年の『ファルスタッフ』のあとに書いた歌曲「主よ、憐れみたまえ（Pietà, Signor）」と比較してみたいところです。

第6章
ビゼーのオペラ

1 名作Pick Up『カルメン』

有名な音楽と、上演スタイルの問題

　ジョルジュ・ビゼー（1838-75）のオペラ『カルメン』のタイトルを知らない人はいないでしょう。フランス・オペラの『カルメン』がこれほどまでに有名な理由はいくつもありますが、真っ先に指摘できるのが、素晴らしい音楽にあふれていること。そもそもクラシック音楽自体が、少々小難しくてわかりにくいと敬遠されがちですが、『カルメン』からは次から次へと、耳に心地よいメロディーが聞こえてきます。このようなわかりやすい音楽は、オペラ全体で約2時間半の演奏時間を決して長く感じさせません。オペラ・ビギナーにも親しみやすいオペラだといえます。

　それでは、その有名なメロディーは劇中のどこにあるのでしょうか。そして、どこに注目して鑑賞すればいいのでしょうか。それを紹介することこそが、本書が目指すところです。オペラ『カルメン』の観どころや聴きどころを順番にみていきましょう。

　その前に、このオペラには上演スタイルの問題が存在します。作曲者のビゼーはこのオペラを、形式的にはフランスのオペラ・コミックというスタイルで書きました。パリのオペラ・コミック座から「3幕のオペラ・コミック」の作曲を委嘱されていたのです。オペラは一般に、曲と曲との間の部分もレチタティーヴォと呼ばれる会

話風の歌として、台詞をすべて歌ってしまいます。ところが、オペラ・コミックは、この曲間を、歌がない台詞でつないでいきます。これは、本書の序章でも紹介した『魔笛』（ドイツのジングシュピール）と同様のスタイルで、オペラとしては特別な部類に入ります。

　しかし、『カルメン』を各国で上演するとき、フランス人ではない歌手たちが、フランス語の台詞をじょうずに操ることは困難なことでした。そこで、台詞の部分を管弦楽付きのレチタティーヴォに改訂する必要が出てきます。残念なことに、作曲者のビゼーは短命で、このオペラの初演から3カ月後に亡くなっていました。そこで、ビゼーの友人の作曲家エルネスト・ギロー（1837-92）が曲間の台詞部分をレチタティーヴォに改編します。これをギロー版といいます。ギロー版によってこのオペラはヨーロッパ中に広まりました。

　その後、以前のオリジナルの台詞に戻して、再検討を加えて復元されたバージョンも提示されました。アルコア版といって、これもまた広く受け入れられています。同じ『カルメン』でも、こうした上演スタイルの違いが存在します。接した公演で印象が異なるかもしれません。この点では、オペラ全体を鑑賞する際に留意が必要です。

音楽だけでも聴いてみたい

　オペラ『カルメン』の音楽の素晴らしさは、第1幕への「前奏曲」から始まります。この前奏曲は、闘牛士たちの入場場面で使用されている華麗な音楽から開始され、オペラの舞台である南スペイン、アンダルシア地方のセビリャにまで聴く者を一気にたどり着かせて、オペラに引き込みます。

> 第1幕への「前奏曲」
> "Carmen, Prelude to Act 1"　　　　　　　　　　　　　　　　［3：30］

この第1幕への前奏曲には、私たちをセビリャの地に一気につれていく効果だけでなく、もう一つ重要な役割があります。それはこの曲の後半部分です。それまで長調で明るい音楽だったにもかかわらず、1小節間のゲネラルパウゼ（すべてのパートの休止）のあと、短調の音楽が奏でられます。音楽理論上では増2度の特徴的な進行が含まれているこの暗く不吉なテーマは、オペラ『カルメン』の「運命の動機」と呼ばれています。この動機は、変形されたものも含め、オペラ全体の基調になる重要な部分です。第1幕への前奏曲からすでに「運命の動機」が提示され、このオペラの結末が悲劇で終わることを予告するのです。

　さて、『カルメン』では、第1幕への前奏曲だけでなく、それぞれの幕に入る前に「間奏曲」が置かれ、その導入の役割を担っています。第2幕への間奏曲では、第2幕でこのオペラの主人公の一人ドン・ホセが無伴奏で歌う「アルカラの竜騎兵」という曲の旋律がファゴットとクラリネットで順番に演奏されます。

　また、第3幕への間奏曲では、ハープの分散和音のうえに叙情的な旋律をフルートが演奏し、それがクラリネットに、イングリッシュ・ホルンとファゴットに、次々と対位法的に受け渡されます。

　さらに第3幕にはもう一曲、第1場と第2場の中間部分に間奏曲が挿入されます。この曲は、前述の2つの間奏曲と異なり明るくリズミカルな音楽で、そのなかでオーボエがエスプレッシーヴォ（espressivo「表情豊かに」の意味）で奏でるスペイン風の旋律は軽やかです。

　これら3つの間奏曲を聴いてみれば、耳に心地よいメロディーが連続していて、このオペラに親しみやすさを感じてもらえるはずです。

▎第2幕への「間奏曲」
▎"Carmen, Interlude before Act 2"　　　　　　　　　　　［1：30］

第3幕への「間奏曲」
"Carmen, Interlude before Act 3" [2：45]

第3幕の「間奏曲」
"Carmen, Interlude Act 3（or before Act 4）" [2：15]

カルメン、それは魔性の女

　それでは、いよいよオペラの本編に入っていきましょう。オペラ『カルメン』の魅力の一つが素晴らしい音楽であるのはもちろんですが、それ以上に魅力的なのが、タイトルロールのカルメンの強烈な個性と歌であるといえます。カルメンはメゾ・ソプラノの役です。ソプラノではなく女声の中声域であるメゾ・ソプラノが歌うということは、その分、表現力が求められます。カルメンはジプシーの女という設定です。そのキーワードは自由、恋、掟破り、そして歌と踊り。カルメンの台詞からは、このような言葉が浮かび上がります。そのカルメンが第1幕で登場のアリアとして歌うのが「ハバネラ」です。

第1幕　第4番　カルメンのアリア
「ハバネラ：恋は野の鳥」
Act 1："L'amour est un oiseau rebelle"（Carmen） [4：30]

　ハバネラとは、キューバのハバナ地方由来の舞曲で、2拍子の独特のリズムをもちます。カルメンは、この曲のなかで、恋愛を野の鳥に例えて、捕まえたと思った途端に飛んでいき、待つ気がなくなったころにまたやってくる、というカルメンの恋の哲学を披露するのです。
　カルメンがハバネラを歌い終わると若い男たちが言い寄ってきま

すが、衛兵のドン・ホセ（テノール）だけは彼女に興味を示しません。このとき、第1幕への前奏曲で提示された「運命の動機」が反復して演奏されます。悲劇が予告されるのです。カルメンは胸に付けていたカッシアの花をホセに投げ付けて去っていきます。悲劇の開始地点として重要な場面です。

さて、カルメンは、タバコ工場で働く女工という設定ですが、その工場でけんか騒ぎが起こります。原因はカルメンで、彼女は捕らえられました。しかし、カルメンは衛兵のホセを誘惑して縄を緩めてもらおうとします。そこで歌われるのが「セギディーリャ」と呼ばれるアンダルシア地方に伝わる舞曲です。3拍子のリズムで、ビゼーはこの舞曲にも見事な旋律を創作しました。カルメンは、私の心がほしいのは誰か、いつでもどうぞ、と歌います。ホセはカルメンの誘惑にかかり、彼女の手縄を緩めました。そしてカルメンは逃げ去ったのです。

第1幕　第9番　カルメンのアリア
「セギディーリャ：セビリャの城壁近く」
Act 1 : "Près des remparts de Séville"（Carmen）　　　　[4 : 45]

二人の男とカルメン

第2幕では、もう一人の人物が登場します。それは花形の闘牛士であるエスカミーリョで、これはバリトンの役です。エスカミーリョは、合唱付きの派手なアリア「闘牛士の歌」を歌って登場します。

第2幕　第13番　エスカミーリョのアリア
「闘牛士の歌：諸君の乾杯を喜んで受けよう」
Act 2 : "Votre toast, je peux vous le rendre"（Escamillo）　　[5 : 15]

エスカミーリョも、カルメンに言い寄る一人。しかし、カルメン

に、私を愛するのはいいけど、愛されることは当分考えないほうがいい、とこのときは拒否されたことから彼は颯爽と退散します。ドン・ホセと対照的でありながら、ホセとは恋敵という存在です。

　他方のホセはというと、カルメンを逃がした罪で2カ月間、軍の懲罰房に収容されていました。やっと出てきてカルメンに会いにいきます。カルメンも彼のことを待っていました。カルメンは逃がしてくれたホセに借りを返すと言って、ジプシーの歌と踊りを披露します。ここでは、カルメン役の歌手がカスタネットを手に持って歌いますが、その旋律は官能的でもあり、哀愁を帯びているようでもあり、もう一つのカルメン像を表現しています。

　　第2幕　第16番　二重唱（カルメン、ホセ）
　　「拙い踊りをお目にかけます」
　　Act 2："Je vais danser en votre honneur"（Carmen, Don José）［5：45］

　しかし、帰営のラッパが聞こえてくると、衛兵であるホセは帰ると言いだします。自分の目の前で帰ると言うホセの態度にいらだってカルメンは、そんな愛し方はあるのかと憤りました。そこでホセは、彼女から投げ付けられたカッシアの花を手に、カルメンのことをどんなに愛しているかを歌います。軍の懲罰房に入れられている間、そのしおれた花を大事に持っていたのです。コン・アモーレ（con amore「愛情をもって」の意味）の指示から始まるこのアリアは、心の奥深くからカルメンに対する愛情を取り出すかのように歌われます。メロディーメーカーとしてのビゼーの面目躍如といえるでしょう。

　　第2幕　第16番　ホセのアリア
　　「花の歌：おまえの投げたこの花を」
　　Act 2："La fleur que tu m'avais jetée"（Don José）　　　　［4：15］

カルメンはホセに、そんなに愛しているのなら軍隊に帰営しないで、すべてを捨てて自分のもとに残るように求めます。ホセは迷いましたが、とうとうカルメンと一緒にいることを決断しました。

占いの結果は、死の運命

　第3幕では、すでにドン・ホセは脱走兵としてカルメンとともにいます。しかし、ホセは後悔していました。カルメンはタバコ工場から去ったあと、ジプシーの仲間たちと密輸をして稼いでいました。そんなジプシーの仲間になっても、ホセにはそのような暮らしは向いていないのです。また、カルメンもホセに愛想を尽かしつつありました。恋するジプシーのカルメンの心は、すでに闘牛士エスカミーリョに向いていたのです。

　密輸団とともに山のなかで夜を明かそうとしたとき、仲間の女たちがカルタ占いをするのに加わって、カルメンは自分のことを占います。このとき、カルメンがカルタを取り出してカードをめくり始めると、フルートが再び「運命の動機」をピアニッシモで奏でます。占いの結果は、死。私が先で、次は彼。カルメンに死の運命が待っていることを暗示しているのです。この場面は三重唱からなっています。フラスキータ（ソプラノ）とメルセデス（メゾ・ソプラノ）という二人のジプシー女がそれぞれお金と恋という占いの結果に喜ぶ最中に、カルメンの結末は悲劇であることを予感させる旋律が差し込まれていて、見事な対比を作っています。

> 第3幕　第19番　三重唱（フラスキータ、メルセデス、カルメン）
> 「カルタの三重唱——まぜて！　切って！」
> Act 3 : "Mêlons! Coupons!" (Frasquita, Mercédès, Carmen) ［7 : 00］

　さて、このとき山のなかで見張りをするホセのもとに、故郷から

ホセのことを想う娘ミカエラ（ソプラノ）が訪ねてきます。娘が一人で、案内人に連れられて山のなかの密輸団の潜伏場所を訪れたのです。そのような危険な行動に出たミカエラは、美しくも危険な女カルメンから、ホセのことを取り返そうとする決意をアリアとして歌います。可憐な娘ミカエラが歌うこのアリアは、叙情的できわめて美しい曲です。オペラ全体のドラマの流れからすれば少し異質な音楽かもしれませんが、暗い山のなかに咲いた一輪の花のようにスポットが当てられます。

第3幕　第21番　ミカエラのアリア
「何が出ても怖くない」
Act 3 : "Je dis que rien ne m'épouvante"（Micaëla）　　　　[5：45]

　ミカエラはホセに、彼の母が重病で今日か明日の命だということを伝えます。このことを聞いて、ホセは密輸団を離れ、すなわちカルメンから離れ、故郷に帰ることにしました。

結末は悲劇

　オペラ『カルメン』は、カルメンとドン・ホセの二重唱で終幕となります。闘牛場前の広場。この日は闘牛の当日で、カルメンと愛の言葉を交わした闘牛士エスカミーリョが、興奮して盛り上がる観衆に囲まれながら闘牛場に入っていきます。
　広場に残ったカルメンの前に現れたのが、戻ってきたホセです。

第3幕　第26番　二重唱（カルメン、ホセ、合唱）
「あなたね？――おれだ」
Act 3 : "C'est toi?... C'est moi."（Carmen, Don José, Chorus）[10：30]

やり直そうと言うホセでしたが、カルメンは彼を相手にしません。

ホセは、まだ愛している、昔を思い出してくれ、と食い下がりました。しかし、カルメンは「自由に生まれて、自由に死ぬ」と言って、ホセのことを拒絶します。

このとき、闘牛場から観衆の声が聞こえてきます。緊迫するカルメンとホセの二人のやりとりのなかで、エスカミーリョの存在を浮き立たせる歓声が大きな演劇的効果を上げます。

あの男のもとに行くのかとホセ。彼のことを好きだと言うカルメン。

オーケストラはここで「運命の動機」を響かせます。音楽は、すでにここが悲劇の結末であることを指し示すのです。

カルメンは昔ホセにもらった指輪を外し、彼に投げ付けました。そのときホセは激高して、持っていたナイフでカルメンを刺し殺してしまいます。カルメンとホセの間に起こったこととは無関係に、背景の闘牛場から、観衆が歌う「闘牛士の歌」が聞こえてきます。

ここで再び「運命の動機」が響き渡ります。その場に呆然と立ち尽くしたホセは、自分の手でカルメンを殺してしまったとフォルティッシモで叫び、幕が下りるのです。

ビゼーの生涯とオペラ

ビゼーは1838年10月25日、パリに生まれ、父は声楽家、母はピアノ奏者でした。パリ音楽院に入学し、作曲をジャック・アレヴィ（1799-1862）などに師事します。57年（19歳）にフランス政府から奨学金が与えられるローマ大賞を得ました。また同年、1幕もののオペレッタ・コンクールの受賞作『ミラクル博士』が初演されました。ビゼーはローマに留学し、その成果としての提出作品をオペラ・ブッファの『ドン・プロコピオ』とするなど、オペラ作曲家としての成功を目指します。パリに

戻って63年（25歳）に、当地のリリック座の依頼で『真珠採り』を初演しましたが、成功しません。ただし、のちにこの作品は今日でも上演機会がある人気作になりました。

　ビゼーは、その後も積極的にオペラを作曲しますが、未完で終わったり、上演しても公演打ち切りになったりで、思うような成功を得ることができません。しかし、実家の生計が安定しており、弟子に作曲を教えたり、編曲をしたりして生活していました。1869年（31歳）に、作曲の恩師アレヴィの娘ジュヌヴィエーヴと結婚し、翌年の普仏戦争には志願して兵役に服しました。ビゼーが世に認められる成功を収めたのは戯曲『アルルの女』の付随音楽です。戯曲自体は失敗に終わりましたが、ビゼーはその後、この付随音楽を管弦楽用の組曲として発表し、名声を得ます。

　その後、オペラ・コミック座からの依頼があり、オペラ『カルメン』の作曲に集中します。『カルメン』は1875年に初演されましたが、聴衆に受け入れられず、また、上演トラブルもあり、大失敗に終わってしまいました。その3カ月後の75年6月3日、ビゼーは37歳の誕生日を迎える前に急逝します。それから4カ月後、ビゼーの友人の作曲家エルネスト・ギローが、『カルメン』の曲間の台詞部分をレチタティーヴォに改編したあと、このオペラは評価を得ました。

ビゼーのオペラ以外の歌

　ビゼーの歌曲「アニュス・デイ（神の子羊）（Agnus Dei）」は宗教曲のように美しい旋律をもちますが、この曲は「アルルの女」第2組曲の2曲目「間奏曲」にギローが歌詞を付けたものです。そのほかの歌曲としては、「愛の歌（Chant d'amour）」「別れを告げるアラビアの女主人（Adieux de l'hôtesse arabe）」などがありますが、てんとう虫のおかげで彼女とキスするチャ

ンスを失った若者の顛末を歌った「てんとう虫（La coccinelle)」が逸品です。

†
Column 3

世界各国のオペラ

　本書では、イタリア語、ドイツ語、フランス語の台本に作曲され
たオペラを「名作Pick Up」として紹介していますが、そのほかの
国の言語によるオペラも数多く存在します。このColumnでは、イ
タリアからスタートして世界各国の言語によるオペラ、主にそのな
かのアリアを駆け足で紹介していきましょう。

　イタリアがオペラの発祥の地であり中心地であることは、ここま
で何度か言及してきました。イタリア・オペラの巨匠といえばヴェ
ルディ。そのヴェルディのあまたの傑作たちの陰に隠れてしまった
のが、アミルカレ・ポンキエッリ（1834-86）のオペラ『ラ・ジョコ
ンダ』です。第3幕に挿入されたバレエ「時の踊り（La danza delle
ore)」の旋律が特に有名ですが、テノールが歌うエンツォ役のアリ
ア「空と海（Cielo e mar!)」では、愛しい人への想いを美しい旋律
に乗せて歌い上げます。

　エーリヒ・ヴォルフガング・コルンゴルト（1897-1957）はオース
トリアで生まれ、その後、亡命先のアメリカで映画音楽の分野で活
躍した作曲家です。コルンゴルトは若くしてその才能を認められ、
第一次世界大戦後のウィーンで初演されて大成功を収めたのが、ド
イツ語によるオペラ『死の都』です。「マリエッタの歌」と呼ばれ
る「私に残された幸せは（Glück, das mir verblieb)」はマリエッタ
（ソプラノ）とパウル（テノール）が歌う二重唱ですが、コンサート
などでソプラノのアリアとしてもよく取り上げられます。歌詞には
悲しい歌とありますが、希望を歌う歌でもあり、圧倒的な歌の力を
感じさせる名歌です。

　フランスの作曲家カミーユ・サン゠サーンス（1835-1921）も神童

として知られ、長年にわたりフランス音楽界を牽引し、その発展に寄与しました。『旧約聖書』をもとにしたオペラ『サムソンとデリラ』のデリラ役のアリア「あなたの声に心は開く（Mon cœur s'ouvre à ta voix）」では、サン＝サーンスの見事なオーケストレーションに支えられて、落ち着いたメゾ・ソプラノの歌声でデリラがサムソンを誘惑します。同じフランス・オペラのカルメン役とは異なる形でメゾ・ソプラノ歌手の本領が発揮されます。

　ロマン派以降は、ロシアでもロシア語によるオペラが創作されました。ピョートル・チャイコフスキー（1840-93）が作曲した『エウゲニ・オネーギン』もその一つです。チャイコフスキーのロマンティックな音楽が折り重なるようにできているこのオペラを、作曲家自身は叙情的情景と呼びました。テノールが歌うレンスキー役のアリア「青春は遠く過ぎ去り（Kuda, kuda vi udalilis）」では、死を予感しながら自分の運命について語ります。その美しい旋律は、編曲されて様々な楽器で演奏されています。

　次に中・東欧をみていきましょう。チェコの作曲家アントニン・ドヴォルザーク（1841-1904）のオペラの代表作は『ルサルカ』です。水の精であるルサルカ（ソプラノ）が人間の王子を好きになり、人間になることを願います。ルサルカが夜空の月に向かって歌うアリア「夜空に浮かぶ月よ（Měsíčku na nebi hlubokém）」は「月に寄せる歌」として知られ、どこか哀愁を帯びた音楽が魅力のチェコ語の名アリアです。

　ハンガリーの作曲家ベーラ・バルトーク（1881-1945）の唯一のオペラ『青ひげ公の城』は、ハンガリー語による台本をもとに作曲されました。貴族の青ひげ公（バリトン）と結婚して彼の城にやってきたユディット（ソプラノ）は、城に7つの扉があることに気がつきます。彼女はその扉を1つずつ開けていくのです。「最後の扉は開けてはならない（Az utolsót nem nyitom ki）」という7つ目の扉を開けたユディットの眼前に、青ひげ公の3人の前妻が現れます。

カロル・シマノフスキ（1882-1937）はポーランドの作曲家であり、ポーランド語による台本でオペラ『ロジェ王』を作曲しました。このオペラは全編が美しい音楽で彩られています。第2幕でロジェ王の妻ロクサーナ（ソプラノ）が歌うアリア「ああ…！ロジェ王の血塗られた夢を追い払え（A…! Uśnijcie krwawe sny króla Rogera）」は、魅惑的なヴォカリーズ（音楽用語で、歌詞がない母音だけで歌うこと）部分を伴って、王の慈悲を懇願する歌です。

　さて、ヨーロッパ大陸を離れて、イギリス、すなわち英語で歌われるオペラはどうでしょう。17世紀にバロック・オペラを残したパーセル以降、本格的なオペラ作曲家は、20世紀に活躍したベンジャミン・ブリテン（1913-76）まで待つことになりました。ブリテンは『真夏の夜の夢』『カーリュー・リヴァー』『ヴェニスに死す』など多くの名作オペラを作曲し、オペラ史を代表する作曲家の一人といえます。そのブリテンの出世作になった『ピーター・グライムズ』からの一曲、タイトルロールのピーター（テノール）が歌う「いま、大熊座とプレアデス星団が（Now the Great Bear and Pleiades）」では、高い「ミ」の音をピアニッシモから歌い続けるその効果で、ピーターの異質さが目立ちます。

　同じ英語圏のアメリカでは、ジョージ・ガーシュウィン（1898-1937）によるオペラ『ポーギーとベス』が、ジャズの要素を取り入れて注目されました。このオペラは、黒人社会を舞台にしており、アメリカの民族オペラといえる作品です。オペラのなかで歌われる子守唄「サマータイム（Summertime）」は人気曲になりました。

　最後に、日本語で歌われるオペラとして、團伊玖磨（1924-2001）作曲のオペラ『夕鶴』から、つう（ソプラノ）のアリア「与ひょう、あたしの大事な与ひょう」を紹介します。『夕鶴』は、日本の民話「鶴の恩返し」を原作としたオペラです。このアリアでは、欲に溺れた与ひょうがもっと布を要求するので、あなたはどうしたのか、私はどうすればいいのかと、つうが嘆きます。このColumnでは特

に感動的なアリアを多く取り上げてきましたが、つうのアリアも同様に心を打つ一曲です。

第7章
マスネのオペラ

1 名作Pick Up『ウェルテル』

フランスのオペラ作曲家

　フランス語で歌われるオペラのなかで最も有名なオペラといえば、まずは、前章で取り上げたビゼーの『カルメン』が挙げられます。『カルメン』は、フランス・オペラだけでなく、すべてのオペラのなかで最も有名で、人気があるオペラといってもいいでしょう。このオペラは別格です。

　ほかにフランス・オペラで有名な作品といえば、例えば、クロード・ドビュッシー（1862-1918）の『ペレアスとメリザンド』のタイトルを聞いたことがあるかもしれません。ちなみにドビュッシーが完成させたオペラはこの一作だけです。また、シャルル・フランソワ・グノー（1818-93）の『ファウスト』や『ロメオとジュリエット』のタイトルも聞いたことがあるでしょう。

　本章で、フランスを代表するオペラ作曲家として紹介するのは、ジュール・マスネ（1842-1912）です。マスネは、クラシック音楽の作曲家のなかでも、一般的にはマイナーな作曲家に入るのではないかと思います。それもそのはず、オペラと歌曲の分野以外の楽曲は、コンサートなどで演奏される機会がほとんどありません。しかし、オペラの分野では、フランスのロマン派を代表する大変重要な作曲家です。イタリア・オペラの代表的な作曲家にヴェルディやプッチ

ーニがいて、ドイツ・オペラにはワーグナーやR・シュトラウスが
いますが、フランス・オペラには、このマスネがいるというわけで
す。

マスネの美しい音楽

　マスネは多くのオペラを作曲しましたが、本章で取り上げる『ウ
ェルテル』のほかにも、『マノン』『タイス』『ドン・キショット』
などの代表作があります。ヴァイオリンの曲で「タイスの瞑想曲」
がありますが、これはマスネのオペラ『タイス』のなかの間奏曲を
抜粋したものです。誰もが聴けばすぐに思い出すメロディーだと思
います。このような美しいメロディーを作曲するのがマスネです。

　　　マスネ「タイスの瞑想曲」
　　　Jules Massenet: "Méditation de Thaïs"　　　　　　　［5：00］

　マスネの音楽について書かれたものをみてみると、叙情的、流麗、
甘美、優美、感傷的といった言葉が多く使われています。「タイス
の瞑想曲」を聴いてみると、まさにそのような言葉が当てはまりま
す。そして、マスネのオペラ自体も、そのような美しい音楽にあふ
れているのです。もちろんオペラのストーリー上、劇的な表現など
も出てきますが、そうした激しい場面でも音楽の美しさを失わない
ところがマスネの真骨頂なのです。

テノールの佳曲

　それでは、『ウェルテル』をみていきましょう。
　オペラ『ウェルテル』は、ヨハン・ヴォルフガング・フォン・ゲ
ーテの小説『若きウェルテルの悩み』を原作としています。そのた
め、タイトルとしては大変有名ですが、実際にこのオペラを観たこ
とがある人、聴いたことがある人は、小説に比べてそれほど多くな

いかもしれません。

　このオペラの初演は1892年。原作のゲーテの小説が1774年に刊行されていますので、すでに100年以上たった後のことです。つまり、当時から原作の物語はよく知られていました。ゲーテの原作はヨーロッパ中に影響を及ぼすほど広く受け入れられ、マスネ以外にも小説『若きウェルテルの悩み』を題材にして多くの作曲家がオペラを書いています。しかし、現在でも繰り返し上演されているオペラはマスネの作品だけです。

　マスネの『ウェルテル』には、圧倒的に素晴らしいテノールのアリアがあります。テノールのアリアといえば、プッチーニのオペラ『トゥーランドット』や『トスカ』が思い浮かぶかもしれません。また、テノール歌手が活躍する姿といえば、長大なワーグナーのオペラに出てくるヘルデン・テノールが想起されるかもしれません。でも、マスネのオペラ『ウェルテル』のタイトルロールであるウェルテル役が第3幕で歌うアリア「春風よ、なぜ私を目覚めさせるのか」は、前述したマスネの音楽の特徴、すなわち叙情的、流麗……といった言葉をすべて含むような美しいアリアです。オペラの鑑賞を始めてフランス・オペラまでたどり着いたのなら、絶対に聴いておきたい佳曲といえるでしょう。

　第3幕　ウェルテルのアリア
　「春風よ、なぜ私を目覚めさせるのか」
　Act 3 : "Pourquoi me réveiller, ô souffle du printemps？"（Werther）

　　　　　　　　　　　　　　　　　　　　　　　　　　　　　［3：00］

　ウェルテルは、スコットランドの伝説の詩人オシアンの詩を朗読するときにこのアリアを歌います。つまり、このアリアの歌詞は、オシアンの詩そのものというわけです。ウェルテルはこの詩を朗読することで、愛しているシャルロットに自分の想いを伝えます。た

だし、この詩の内容は、少しも喜びとか幸せに満ちたものではありません。春風の次には嵐の季節がやってくる……、旅人の目には私の悲しみと不幸が映るだけ……など、とても愛する人にささげる詩の内容ではないわけです。しかも、ウェルテルのこのアリアに続くシャルロットの歌詞は「もうやめてください」なのです。なぜウェルテルの愛の歌は、こんなにも悲しみに満ちているのでしょうか。

それは、シャルロットがこのときすでに既婚者であり、アルベールという夫がいたからです。この愛の行く先は悲劇であることが、ウェルテルにもシャルロットにもわかっていたのです。

君は僕のことを愛している

オペラ『ウェルテル』のあらすじを紹介します。若いウェルテルが恋に落ちた女性シャルロット。彼女は亡くなった母親が決めた婚約者と結婚します。そのため、かなわぬ恋を断ち切れないウェルテルが、クリスマスの前夜にピストル自殺をする、というストーリーです。そのウェルテルが、自分を偽ることをやめ、自らの燃える想いをシャルロットにぶつけるのが、前述のアリアです。

アリアの続きの場面では、ウェルテルが「君のことを愛している」と言って迫りますが、既婚者のシャルロットは「乱れた心のあなたからは離れなければならない」と言って別室に立ち去ります。それでウェルテルは死を決意して、ピストル自殺をするのです。

第3幕　シャルロット、ウェルテル
「もうやめてください！ああ！」
Act 3 : "N'achevez pas! Hélas!"（Charlotte, Werther）　　　［4：30］

マスネが作曲したオペラには、女性を主人公としているものが多くあり、マスネは音楽で女性を描くことを得意としていました。この『ウェルテル』は、男性を主人公としているオペラですが、ウェ

ルテルのことを拒否したシャルロットは、ただ道徳心が強い貞淑な女性として描かれただけなのでしょうか。ウェルテルは「君のことを愛している」と言ったのですが、実は「君は僕のことを愛している」とも言っているのです。やはりフランス・オペラの巨匠マスネの手にかかれば、シャルロットが単なる淑女として描かれるはずはありません。

間奏曲「月の光」

　それでは、ここで第1幕に戻って、ウェルテルとシャルロットが出会う場面からみていきましょう。

　時は1780年代のこと、舞台はドイツの田舎町ウェッツラー。この地の大法官の娘シャルロットは、母を亡くしたあと、弟妹たちの世話をしています。7月のある晩のこと、シャルロットは婚約者アルベールが旅に出ていなかったため、若き詩人ウェルテルと舞踏会に行くことになります。ウェルテルはシャルロットが弟妹たちを世話する優しさに心を動かされます。その舞踏会からの帰り道、月明かりに照らされながら、ウェルテルはシャルロットに愛を告白しました。

　二人が舞踏会から帰る場面で流れる間奏曲「月の光」は、8分の12拍子で緩やかに、そして静かに奏でられる重要な旋律です。

　第1幕　間奏曲「月の光」
　Act 1：Interlude "Clair de lune"　　　　　　　　　　　[2：45]

　第1幕　ウェルテル
　「なんという幸福なのだろう！」
　Act 1："Rêve! Extase! Bonheur!"（Werther）　　　　　[2：00]

　このとき、まだウェルテルはシャルロットに婚約者がいることを

知りません。シャルロットは舞踏会から帰ってきて家の前でウェルテルに「お別れしなければならない」と言います。シャルロットに引かれたウェルテルは「君を愛している」と告白するのですが、そのとき家のなかからアルベールがすでに旅から半年ぶりに帰ってきていることが二人に知らされます。シャルロットは「婚約の約束を忘れていたが、思い出した」とウェルテルに伝えました。シャルロットは婚約をしていましたが、ウェルテルを愛してしまったがゆえに、道徳心との間の葛藤を心に秘めることになります。このオペラの真の主人公はシャルロットなのかもしれません。

シャルロットの手紙の場

シャルロットには、メゾ・ソプラノの声域があてがわれています。シャルロットの深層心理を表現するのに、マスネはソプラノよりも一段低いメゾ・ソプラノの声域を使うことで落ち着きと深さを導き、その内面の葛藤を描き出すことに成功しています。シャルロット役にとって重要な場面は、第3幕の「手紙の場」です。これは第3幕の前奏曲から始まります。

第3幕への「前奏曲」
"Werther, Prelude to Act 3"　　　　　　　　　　　　　　　　[3：30]

まず、第3幕の前奏曲とともに幕が上がったときの舞台の設定を確認しておきましょう。時は12月24日の午後5時、クリスマス・イブの夕刻です。シャルロットが一人、居間にいます。部屋にあるのは、大型のストーブと1台のハープシコード、小さな書き物机、テーブルにソファ……。以前から変わらない部屋ですが、ここにウェルテルはいません。かつて、ここで一緒に時を過ごした彼は、もう決して戻らないと言ってシャルロットのもとから立ち去りました。一方のシャルロットは、クリスマスに帰ってきてほしいとウェルテ

ルに伝えていました。ウェルテルのことを忘れることができず、この部屋でシャルロットは彼から届いた手紙を読み返します。

> 第3幕　シャルロット（手紙の場）
> 「ウェルテル！私の心の彼を誰が知りえようか」
> Act 3："Werther！Werther…qui m'aurait dit la place"（Charlotte）
>
> ［8：30］

　この場面でウェルテルからの3通の手紙をシャルロットが読むのですが、作曲家のマスネは、3通の手紙それぞれの内容に合った音楽を書き分けています。

　まず1通目。「僕は、小さな部屋で君に手紙を書いている……僕は孤独です」という手紙には、ピアニッシモを駆使して「孤独（フランス語でseul）」という言葉を強調します。この部分の音楽の調性はイ短調で、物悲しい雰囲気を作り出しています。

　2通目は、シャルロットの小さな妹たちとの楽しかった日々の思い出についてです。ウェルテルは「あの子たちは、もう僕のことは忘れてしまったことでしょう……」と手紙に書きます。それでもこの部分は、ハ長調の明るい調性を使って、楽しい音楽を奏でます。

　そして3通目。ウェルテルとシャルロットの二人の行く末には悲劇が待ち受けていることを暗示するかのようなこの手紙には、ヘ短調を用いて、シャルロット役の歌手に劇的な歌唱を要求しています。ウェルテルは手紙のなかでシャルロットのもとに永遠に戻らない可能性を示唆していました。永遠に……すなわち、それは死を意味していたのです。

　それぞれの手紙の内容を歌い分ける必要があり、シャルロット役のメゾ・ソプラノ歌手の最大の見せ場だといえるでしょう。

シャルロットの涙

　そこへ妹のソフィーが部屋に入ってきたので、シャルロットは急いで手紙を隠しました。妹のソフィーは、シャルロットの様子がどこかおかしいと感じながらも、シャルロットを励まそうとします。ソフィーはソプラノの役で、この場面では、小鳥の陽気な歌声に似せたフレーズを使って、シャルロットが元気を取り戻せるように明るく歌います。

> 第3幕　ソフィー
> 「ああ、笑いは祝福される」
> Act 3 : "Ah! le rire est béni" (Sophie)　　　　　　　　　[1：30]

　しかし、ソフィーが「ウェルテルがいなくなってから、みんなが暗い顔をしている……」と言ったことで、シャルロットの目から涙がこぼれます。
　このあとで歌うシャルロットの以下の2曲を含めて、第3幕冒頭から、シャルロットという人物をマスネは音楽で描ききっています。マスネ自身はこのオペラのことを全4幕の叙情的ドラマ（Drame lyrique）と題していて、楽譜にもそう書き込んでいました。そのなかでもこの第3幕のシャルロットをめぐる部分は、ぜひとも観ておきたい名場面です。

> 第3幕　シャルロット
> 「そのまま泣かせてください！」
> Act 3 : "Va! laisse couler mes larmes" (Charlotte)　　　[1：45]
> 「ああ！私の勇気は尽きてしまった！主よ！」
> Act 3 : "Ah! mon courage m'abandonne! Seigneur!" (Charlotte) [2：15]

クリスマス・イブの夕刻、かつて楽しい日々を過ごした部屋のなかはそのままに、ウェルテルだけがいない……そこに、ウェルテルが現れて、最初に紹介したアリア「春風よ、なぜ私を目覚めさせるのか」を歌うことになるのです。

月の光のなかで

　さて、最後の第4幕でウェルテルは自分の家でピストル自殺をします。クリスマス・イブの夜、部屋に月の光がわずかに差し込むなか、ウェルテルが致命傷を受けて床に倒れているところに、シャルロットが駆け込んでくる場面から第4幕は始まります。原作のゲーテの小説には存在しない場面ですが、オペラ化する際にマスネは最後の二重唱としてこの部分を創作しました。

　瀕死のウェルテルを見つけてシャルロットは助けを呼ばなくてはいけないと言いますが、ウェルテルはそれを拒否します。ウェルテルは、自分の死がシャルロットの潔白を証明し、自分も後悔しない唯一の方法だと言いました。

　とうとうシャルロットは、自分がウェルテルを愛していることを告白します。ここで再び間奏曲「月の光」の旋律が静かに奏でられます。初めて二人が出会った日を思い起こすかのような、音楽による見事な描写です。

> 第4幕　シャルロット、ウェルテル
> 「私も、ウェルテル、私もあなたを愛しています！」
> Act 4 : "Et moi, Werther, et moi, je t'aime!"（Charlotte, Werther）
>
> 　　　　　　　　　　　　　　　　　　　　　　　　　　[4:00]

　さらにマスネは、このウェルテルの死の場面の裏で、家の外で子どもたちがクリスマスの歌を無邪気に歌う音楽も重ね合わせました。部屋のなかで起こっている悲劇と対照的な子どもたちの楽しいクリ

スマスの歌は、かえってその悲劇を浮き立たせます。キリスト生誕を祝う歌をウェルテルは自分の罪と苦しみを救済する賛美歌として聴きながら目を閉じたのでした。

> 第4幕　子どもたちの声、シャルロット、ウェルテル
> 「クリスマス！クリスマス！クリスマス！」
> Act 4："Noël！ Noël！ Noël！"（Les enfants, Charlotte, Werther）
>
> [6：30]

マスネの生涯とオペラ

　マスネは1842年5月12日、フランスのモントーで異母兄弟も含めて12人兄弟の末っ子として生まれました。ピアノ教師の母に音楽の手ほどきを受けてパリ音楽院に入学し、そこでオペラ『ハムレット』を作曲したアンブロワーズ・トマ（1811-96）に師事します。

　1863年（21歳）、ローマ大賞を受賞してイタリアに留学したマスネは、その留学中に、ローマに滞在していた作曲家のフランツ・リスト（マスネよりも31歳年上）に会います。また、リストの家を出入りしていたときに、のちに妻になるルイーズ・コンスタンスにも出会いました。パリに帰ったマスネは、生活のために劇場でティンパニ奏者として働きますが、これはオーケストレーションの仕組みを学ぶいい機会にもなりました。普仏戦争に従軍したため、一時作曲を中断せざるをえませんでしたが、終戦後に創作活動を再開させます。77年（35歳）、グランド・オペラ『ラオールの王』で成功を収め、フランス中にマスネの名前が広まります。そのころ母校のパリ音楽院では、師のトマが院長になったので、マスネは後任の作曲科教授に就任し、

以後18年間務めました。主にオペラ作曲家として活躍し、『マノン』『ウェルテル』『タイス』など36作（未完を含む）のオペラを作曲しました。マスネはオペラの作曲に際し、多彩な題材を採用しており、いろいろな物語をオペラ化しています。また、音楽的には管弦楽法や動機の使い方などワーグナーの影響を受けています。

　1912年8月13日（70歳）、パリで亡くなりました。

マスネのオペラ以外の歌

　マスネは「君を愛す（Je t'aime!）」のほか250曲以上の歌曲を書いており、フランス歌曲のレパートリーには欠かせない存在です。「エレジー（悲歌）（Elégie）」は、もとはピアノ曲（Op.10-5）でしたが歌曲となり、現在ではチェロやフルートでも演奏されています。「アヴェ・マリア（Ave Maria）」は「タイスの瞑想曲」に歌詞を付けたものですし、「スペインの夜（Nuit d'Espagne）」も管弦楽曲『絵のような風景』の2曲目「舞踏曲」に歌詞を付けたものです。

第 8 章

プッチーニのオペラ

1 名作Pick Up『ラ・ボエーム』

アリアといえばプッチーニ

　本書の目的は、オペラの観どころや聴きどころを紹介することです。なかでも、オペラ歌手が歌うアリアは、オペラ鑑賞の醍醐味の一つとして最も注目すべきポイントといえます。そして、アリアといえば、ジャコモ・プッチーニ（1858-1924）のオペラを外すことはできません。プッチーニが作曲したオペラは、すでに番号オペラの時代を脱していて、アリアの形式が明確に存在するわけではありませんが、オペラの登場人物がそのときの気持ちを歌い上げるその場面がアリアに相当する聴かせどころになっています。

　古今東西のオペラのなかから有名なアリアを上から順番に挙げてみれば、次々にプッチーニのオペラがランクインするはずです。『蝶々夫人』のタイトルロールが歌うアリア「ある晴れた日に」、『トゥーランドット』のカラフ役のテノール歌手によって歌い上げられる「誰も寝てはならぬ！」などは、アリアの代名詞ともいえるでしょう。また、『トスカ』のタイトルロールのトスカ役による「歌に生き、愛に生き」はソプラノ歌手のレパートリーには欠かせないものです。

　こうしたプッチーニのアリアの数々は、本章の後半で紹介していきます。ここで本章の「名作Pick Up」として紹介するオペラは、

プッチーニのオペラのなかでも、恋愛、青春、友情といった魅力がぎっしり詰まった人生の活劇である『ラ・ボエーム』です。このオペラは、アリアをはじめとするプッチーニの音楽の魅力があふれている人気作です。

ボヘミアンの日常

　全4幕のオペラ『ラ・ボエーム』で注目したいのは、第1幕です。もちろん、ドラマとしての決定的な悲劇、すなわちこの作品のヒロインであるミミが死んでしまう場面は最後の第4幕にあり、オペラ全体はそこに向かって進んでいくわけですが、そのような物語のスタート地点である第1幕に、このオペラの世界観が作られます。

　オペラ『ラ・ボエーム』のタイトルのラ・ボエームとは、「ボヘミアン」のことです。1830年当時のパリに多くいた芸術家の卵たちはみな貧しく、けれども、みな希望に胸をふくらませ、生き生きと過ごしていました。そんなボヘミアンの特別ではない日常的な風景を、このオペラは描き出しています。

　パリの学生街（カルチェ・ラタン）にある古アパートの屋根裏の一室が舞台です。ここで、4人の若くて貧しい芸術家の卵たちが生活費を出し合って何とか共同生活をしていました。その一人は、このオペラの主人公であるロドルフォ。彼は詩人・劇作家でテノール歌手が受け持ちます。二人目はマルチェッロで画家です。男声の中声域であるバリトン歌手の役。バリトンの役はもう一人、音楽家のショナールがいます。そして、最後にバス歌手が受け持つ哲学者コルリーネ。このオペラの第1幕は、彼ら4人の共同生活の場面から始まります。

　第1幕　ロドルフォ、マルチェッロ、ショナール、コルリーネ
　「この紅海という絵は、俺の気力をなくして震えさせる」
　Act 1：“Questo Mar Rosso mi ammollisce e assidera”（Rodolfo,

　この日はクリスマス・イブなのに、アパートの寒い屋根裏部屋で、詩人ロドルフォと画家マルチェッロが売れない創作活動に励んでいます。でも、寒くて耐えられないので、何か暖炉で燃やすものはないか探します。もう燃やすものさえ見つけられない貧乏暮らしというわけです。

　マルチェッロは絵を描いていたキャンバスを燃やそうとしますが、ロドルフォが止めます。絵の具が燃えると臭くなる、だから燃やすのは自分が書いた原稿だと言って、彼の劇作第1幕を暖炉に放り込み、火をつけます。このときオーケストラは、原稿を破る音や暖炉に火がつく様子を描写しています。プッチーニの作曲技法の巧さが出ているところです。そこに哲学者コルリーネも部屋に入ってきて、3人で暖炉の火を囲みます。もちろん、原稿はすぐに燃え尽きてしまいますので、彼らは第2幕、第3幕の原稿を次々と暖炉に放り込みます。

　そこになぜか贅沢にもぶどう酒や葉巻を抱えた音楽家ショナールが部屋に入ってきます。ショナールが、なぜこれらを買う小金を手にすることができたのかを説明しようとしますが、ほかの3人はそんな話にはおかまいなしに乾杯！というわけで、クリスマス・イブをワイワイ騒いで楽しく過ごします。

　このようにオペラ『ラ・ボエーム』の第1幕は、ボヘミアンの貧しいけれど生き生きとした毎日が描かれています。このオペラを作曲したプッチーニも20代で故郷ルッカからミラノに出て苦学に励んでいたことから、このオペラに特別な愛着があったといわれています。

作曲家と台本作家

　ボヘミアンの芸術家の卵たちは、家賃を取り立てにきた大家のこ

とを追い出したあと、小金が入ったからにはクリスマス・イブの街に繰り出してカフェで1杯やろう、ということになります。ロドルフォだけ、締め切りが迫った原稿があるので、一仕事してからあとで追いかけることになりました。

ほかの3人が出かけて、一人だけ部屋に残されたロドルフォ。第1幕は、活気があるボヘミアンの生活風景から途中で切り替わり、ふと静まってこのオペラのハイライトであるロドルフォとミミの出会いの場面が描かれます。この騒がしさと静けさの対比が見事な効果を生み出すのです。

第1幕後半のロドルフォとミミの出会いの場面は、オペラの原作であるアンリ・ミュルジェールの小説『ボヘミアンたちの生活情景』(1851年)には存在しません。オペラ『ラ・ボエーム』は、原作の小説にあるエピソードを利用し、組み替えてドラマ仕立てにしています。ここで重要なのが、台本作家です。『ラ・ボエーム』の台本は、シナリオ部分をルイージ・イッリカが、そのシナリオに沿った歌詞の形式にした韻文部分をジュゼッペ・ジャコーザが創作しました。これは、プッチーニの前作『マノン・レスコー』と同じ体制です。もちろんプッチーニも作曲する立場として意見を出します。プッチーニ、イッリカ、ジャコーザの3人が徹底的に議論してドラマを組み立てました。これによって、オペラ史上、最も印象的な恋をする二人ロドルフォとミミの出会いの場面が誕生したのです。なお、この3人体制は、その後のプッチーニのオペラ『トスカ』『蝶々夫人』でも続きます。これらの作品が現在でも人気作であるのは、緻密に考えられた台本をもとにしていることもその理由の一つといえそうです。

恋の始まりは偶然なのか

仲間に、早く来いよと声をかけられながら、部屋に一人残ったロドルフォ。しかし、気分が乗らず、なかなか原稿が進みません。そ

こに扉をノックする音が聞こえます。ミミ（ソプラノ）の登場です。

> 第1幕　ミミ、ロドルフォ
> 「気分が乗らない」
> Act 1 : "Non sono in vena"（Mimì, Rodolfo）　　　　　　　　［3 : 45］

　扉を開けたロドルフォに、ミミはロウソクの火が消えてしまったので火を分けてもらえないかと尋ねます。ミミはお針子で、同じ古アパートの屋根裏の一室に住んでいました。ボヘミアンたちと同じ貧しい若者の一人です。ロドルフォは、顔色が悪く咳き込むミミを部屋のなかに通します。ミミはロドルフォからぶどう酒を一口もらって落ち着いてから、ロウソクの火をもらって帰ろうとします。そのときです。ミミが部屋の扉を開けると、外からの風で火が消えてしまいます。しかも、ミミは戸口で自室の鍵を落としてしまいました。暗闇のなか、手探りで鍵を捜す二人。このとき、先に鍵を見つけて拾ったロドルフォは、それをポケットに入れ、再び鍵を捜すふりをしながらミミの手を握るのです。

　このロドルフォとミミの一連の所作をどのように歌い、演じるのか、オペラ歌手の演技の見せどころであり、そして、演出家の解釈が分かれるところでもあります。実は、ロドルフォが鍵をポケットに入れたことをミミは知っていました。第4幕でミミが彼と出会ったときのことを回想して、「いまだから言えるけど、鍵はすぐに見つけてしまったのね」と言う場面があるのです。このことからミミのことやロドルフォのこと、二人の関係性をどう描くのか、様々な解釈が提示されました。本章に記したことは、台本からわかることだけです。これをどのような場面に仕上げるのか、そしてその場面は観ている私たちにどんな感情をもたらすのか。こういうところにオペラ鑑賞の楽しみがあります。

夢のかわりに得たのは希望

　暗闇のなか、ミミの手を握ったロドルフォ。ミミは驚いて、あっ、という声を上げます。ロドルフォが、ミミの手を取りながら「なんて冷たい手なんだ……」と歌いだすのが、ロドルフォのアリアの始まりです。

> 第1幕　ロドルフォのアリア
> 「冷たい手を」
> Act 1 : "Che gelida manina"（Rodolfo）　　　　　　　[4：45]

　ロドルフォはこのアリアで、ミミに自身の恋心を打ち明けます。ただし、単に君のことが好きだと言うのではありません。ロドルフォはミミの冷たい手を取りながら、自分のことを紹介するのです。私が何者なのか、どんな生活をしているのか、と。ロドルフォは、私は詩人で貧乏だけれど、心のなかは夢でいっぱいだと歌い始めます。そして、その夢はすべて、君の美しい目に奪われてしまった。でも、そのかわりに希望を得たんだ、と歌います。
　「冷たい手を」はテノール歌手にとって、愛を告白して歌い上げる代表のようなアリアです。しかし、技術的には高難度のアリアで、テノールの最高音としての「ハイC（ドイツ語でツェーと読む、高い「ド」の音）」が出てきます。歌手の力量が試されるわけですが、そのために単に最高音を使っているのではありません。この音は、ロドルフォが夢のかわりとして見つけた「希望（イタリア語でsperanza）」と歌い上げる部分で出てくるのです。物語の起点として、ロドルフォ役のテノールがこのアリアを見事に歌いきることができるか、オペラ全体の出来をも左右する重要なアリアです。

私の名はミミ

　ロドルフォのアリアは、ミミに向かって次は君が誰なのか、よければ話してください、という問いかけで終わります。ミミは、少しためらいながらも「はい、みんなは私のことをミミと呼びます……」と歌い始めます。

> 第1幕　ミミのアリア
> 「私の名はミミ」
> Act 1：“Sì. Mi chiamano Mimì”（Mimì）　　　　　　　　　　　　［4：45］

　ここで、初めてミミという名が明かされます。質素で控えめに一人で暮らす生活の様子が一語一語積み重ねられるのですが、アリアの中間部分で一度、休符にフェルマータが付いた休みが入ります。直後の歌詞は、「けれど、雪解けの季節になると、真っ先に私の部屋に陽の光がさす」というものです。この部分で、大きく豊かな旋律線が描かれます。歌詞とメロディーは、あたかもロドルフォに出会った喜びを表現しているかのようです。愛の芽生えの喜びを歌ったこのアリアは、ソプラノ歌手のレパートリーとして大変人気があります。

　また、一般的にアリアは、最後の部分を歌い上げて終わるものですが、このミミのアリアは、それまでの情熱的な旋律に変わって、話すように、慎ましやかに終わる点でも特徴的です。

詩人が詩を見つけた

　ミミのように、1830年当時のパリでお針子や裁縫婦などの手仕事をしていた貧しい女性たちは、地味な灰色の服を着ていたことからもグリゼット（灰色の娘）と呼ばれていました。当時のパリの学生街で問題なくアパート暮らしができた学生たちは上流階級の子息

たちです。その周りにいたグリゼットは学生たちと容易に男女の関係になっていました。

　しかし、オペラ『ラ・ボエーム』のミミは、原作の小説に出てくるミミとフランシーヌという女性を合成して創作した新たな人物であり、作曲したプッチーニのオペラのヒロインに共通した、心の優しい可憐な女性として描かれています。プッチーニの好みのヒロイン像ともいえますが、こうしたヒロイン像は、現代でも共感が得られ、プッチーニのオペラはいまでも人気があります。

　ロドルフォとミミ、2つのアリアによって恋に落ちる二人。ロドルフォは、窓の外から仲間のボヘミアンたちに、早く来いよと呼ばれますが、ロドルフォは、待ってくれ、"二人"なんだ、と答えます。その答えを聞いて、仲間たちは「詩人が詩を見つけた」と言います。第1幕の最後は、ロドルフォとミミの二重唱です。ここで初めてミミはロドルフォへの愛を伝え、二人は「愛（イタリア語でamor）」と3回歌って幕となります。

> 第1幕　二重唱（ミミ、ロドルフォ）
> 「おお、優しい乙女よ」
> Act 1 : "O soave fanciulla"（Mimì, Rodolfo）　　　　　　［4：00］

2組の恋人たち

　オペラ『ラ・ボエーム』では、ロドルフォとミミのペアのほかに、もう1組のペアがこのオペラに彩りを添えます。画家マルチェッロとその恋人ムゼッタ（ソプラノ）です。ムゼッタはミミとは逆に、派手な女性として設定されていて、このときもパリの学生街にあるカフェ・モミュスに大金持ちのパトロンと一緒にやってきます。いつも結局は元の鞘に収まる恋人マルチェッロと出くわしますが、彼は意地を張ってムゼッタのことを無視します。ムゼッタが彼の気を引こうとして歌うのが「ムゼッタのワルツ」と呼ばれるアリアです。

■ 第2幕　ムゼッタのアリア（ムゼッタのワルツ）
　「私が一人で街を歩けば」
■ Act 2："Quando me'n vo'"（Musetta）　　　　　　　　[2：15]

　2組の恋人たち、つまり、ロドルフォとミミ、マルチェッロとム
ゼッタが絶妙な四重唱を聞かせるのが第3幕です。

　時は過ぎて、2月末になっています。第3幕は寒い冬の夜明けか
ら始まります。この冒頭の音楽は、プッチーニが雪の降り積もる様
子を描写していることでも有名です。5度（「ド」と「ソ」の幅）の音
程を巧みに使って、積もった雪、そこを歩く人の動きを描き出し、
まるで寒さまで伝わってくるかのようです。

　物語としては、実はミミは重い結核を患っていて、ロドルフォは
友人のマルチェッロに、貧乏の自分にはミミの面倒を見きれない、
別れるほうがいいと話します。それを物陰に隠れていたミミに聞か
れてしまいました。ミミはそこで自分が不治の病に侵されているこ
とを知ります。ミミがいるのに気づいたロドルフォは彼女に駆け寄
りますが、二人は愛を確かめ合いながらも、お互いのために別れる
決心をします。

　他方でマルチェッロとムゼッタのペアはというと、たわいもない
口げんかをしています。マルチェッロは、浮気が多いムゼッタと口
論になり、この二人も別れてしまうのです。

　2組のペアは、同じ「別れ」の状態にありますが、全く異なる状
況です。プッチーニはこの2組に全く異なる対照的な音型をあてて、
1つの四重唱のなかにまるで2つの場面があるかのような効果を作
り出しました。

■ 第3幕　四重唱（ミミ、ムゼッタ、ロドルフォ、マルチェッロ）
■ 「さようなら、朝の甘い目覚めよ」

Act 3 : "Addio dolce svegliare alla mattina！"（Mimì, Musetta, Rodolfo, Marcello）   ［5：30］

永遠の別れ

　最後の第4幕では、このオペラのヒロインであるミミが死んでしまいます。この悲痛な死でオペラは幕になるわけですが、プッチーニの音楽とともに、大変注目すべき場面です。

　まず第4幕は、第1幕と同様に始まります。つまり、古アパートの屋根裏の一室。ボヘミアンたちの共同生活の場面です。登場人物も同じで、詩を書くロドルフォと絵を描くマルチェッロ。そこに音楽家ショナール、哲学者コルリーネが食事を持って帰ってきます。第1幕ではぶどう酒で乾杯！となりましたが、今回はニシンの塩漬けとパンだけ。これが彼らの日常ですが、貧しくも活気に満ちた毎日を過ごしていました。

　そこに突如として現れたのがムゼッタ。瀕死のミミを連れていました。ミミはロドルフォと別れたあと、ある子爵のもとに身を寄せて病魔と闘っていました。いよいよ最期のときになって、愛するロドルフォのところで死にたいとムゼッタに頼み、連れてきてもらったのです。第1幕ではロドルフォとミミの印象的な出会いの場面が描かれましたが、第4幕ではミミが部屋に入ってきて「ロドルフォ！」と呼ぶところから、永遠の別れの場面が描かれます。楽譜には「激しく情熱を込めて（con grande passione）」という指示が書き込まれています。

第4幕　ミミの死の場面（ミミ、ムゼッタ、ロドルフォ、マルチェッロ、ショナール、コルリーネ）

「ムゼッタ！──そこにミミが、ミミが一緒に来ている」

Act 4 : "Musetta! ...C'è Mimì. C'è Mimì che mi segue e che sta male"（Mimì, Musetta, Rodolfo, Marcello, Schaunard, Colline）   ［18：00］

普通、オペラの別れの場面といえば、その悲しみの感情を歌い上げながら事切れる……、となることが常道ですが、この『ラ・ボエーム』の別れの場面は違います。ここにこそ、プッチーニのオペラ創作の卓越した技術が発揮されているのです。

　ミミは次第に言葉少なくなり、最後に「眠い……」と言って目を閉じます。そこで一度音楽が止まるのです。楽譜上には、休符の上にフェルマータが付いていて、その上に「長く休む（lunga pausa）」と書いてあります。ミミが息を引き取ったことに最初に気がつくのは、舞台上のどの人物でもなく、鑑賞者である私たちなのです。

　そして、その後に舞台上で最初にミミの死を知るのは、ロドルフォではなく、友人のマルチェッロとショナール。ロドルフォはというと、友人たちの様子が何かおかしいことに気がつきます。二人とも、ロドルフォのことを見つめているのです。ロドルフォは二人のことを交互に見て、「何が言いたいんだ……なんでそんなふうに俺のことを見るんだ？」と問います。彼は友人たちの視線によって、ミミがすでに息を引き取ったことを悟るのです。ロドルフォが泣きながらミミの名を2回呼んで幕となります。プッチーニが創作したラスト・シーンは、舞台の上のドラマがすべてではなく、その音楽によってオペラハウス全体、すなわち客席の観衆をも巻き込みながら成り立っているのです。

2 プッチーニ・オペラの名曲
──『トスカ』『蝶々夫人』『トゥーランドット』などのアリアと名場面

ある晴れた日に──『蝶々夫人』から

　プッチーニのオペラには、人気があるアリアが目白押しです。特

にオペラの花といえるソプラノとテノールが歌うアリアが多くあります。「名作Pick Up」で取り上げた『ラ・ボエーム』のほかにも、『蝶々夫人』『トスカ』『トゥーランドット』などのオペラに出てくるアリアのメロディーを、よく耳にすることもあるでしょう。その一つひとつが感動を呼ぶことから、何度でも聴いてみたい、そして、いろいろな歌手が歌うのを聴いてみたいとなるわけです。本章の後半では、プッチーニのオペラのうちアリアに注目して、どのような楽曲があるのかみていきます。

　まずは、オペラ『蝶々夫人』からです。『蝶々夫人』の舞台は日本の長崎。そのタイトルロールの蝶々さん役ももちろん日本人。プッチーニの代表作、いや、オペラの代表作ともいえるこのオペラが、日本と関わりが深い作品であることはうれしいことです。蝶々さんは15歳の女性ですが、愛する人を待ち続ける強い意志をもちます。ソプラノのうちでもリリコ・スピントと呼ばれる、より強く、劇的な歌唱ができる歌手の持ち役です。第2幕の最も有名なアリア「ある晴れた日に（Un bel dì, vedremo）」は、3年離れて暮らすアメリカ人の夫ピンカートンの帰国を信じて歌います。アリアのタイトルにある「ある晴れた日に」の次には、「海の彼方に船が現れる……」という歌詞が続くのです。

　しかし、船は現れたものの、蝶々さんには悲劇が待っていました。ピンカートンはアメリカ人の妻を連れていたのです。すべてを悟った蝶々さんは自ら命を絶つことを決心しますが、その前に小さな子どもに別れを告げる第3幕のアリア「かわいい坊や！（蝶々さんの死）（Tu? tu? piccolo iddio!)」は、短い曲ながら、蝶々さん役のソプラノ歌手に力強い歌唱を要求します。

　他方のピンカートンはというと、いつもヒーロー役のテノールとしては残念な役回りです。第2幕で自分が犯した過ちに対する後悔の念を、小さいけれど旋律が美しいアリア「さようなら、喜びと愛の花咲く家よ（Addio, fiorito asil di letizia e d'amor)」に託して歌いま

す。

歌に生き、愛に生き──『トスカ』から

　プッチーニのオペラは、そのどれもが傑作として名高い作品ですが、そのなかでも『トスカ』は、音楽面もドラマの部分も充実しており、オペラとして完成された作品です。ビギナーでもあまり難しさを感じずに観られるはずですし、むしろ展開が早く、わかりやすい物語になっています。そして、特におすすめできる点が、3つの幕にそれぞれ1曲ずつ、名アリアが用意されていること。これら3つのアリアを1つのオペラで堪能できるのです。

　第1幕の冒頭で、カヴァラドッシ役のテノールが歌うアリアが「妙なる調和（Recondita armonia）」です。画家であるカヴァラドッシは教会で壁画を描きながら、美しいものは調和がとれている……でも、そのような調和がとれた美に囲まれていても、自分の思いは恋人のトスカにある、と歌い上げます。登場のアリアとして、テノール歌手のみずみずしい美声が響けば、いやが上にもオペラ『トスカ』の世界に引き込まれることでしょう。

　タイトルロールのトスカは、ソプラノの役です。しかも、物語のなかでもオペラ歌手という設定です。1800年6月17日のローマを舞台とするこのオペラは、ナポレオンが勝利したマレンゴの戦いをめぐる歴史オペラでもあります。第2幕でトスカは、恋人のカヴァラドッシが政争に巻き込まれて捕らえられたため、警視総監スカルピアに彼の命を救うように懇願します。しかし、スカルピアがカヴァラドッシの命と引き換えに要求したのはトスカの体。トスカはアリア「歌に生き、愛に生き（Vissi d'arte, vissi d'amore）」で、「歌に生き、愛に生き、信仰の厚い私に、神よ、なぜこのような報いをお与えになるのですか」と歌います。コンサートでもよく歌われるソプラノの代表曲です。

　第3幕で再びカヴァラドッシが歌うアリアが「星は光りぬ（E

lucevan le stelle)」です。ローマのサンタンジェロ城の牢獄に捕らわれていたカヴァラドッシ。夜が明けると、教会の鐘が鳴り、彼は刑の執行を受けるために城の屋上へと連れていかれます。その晩、牢獄の窓から星が見えていたのでしょうか。カヴァラドッシは、恋人トスカとともに過ごした日を回想して、星は輝いていた……そして大地は香り……と歌い始めます。曲の冒頭はクラリネットが主旋律を演奏し、カヴァラドッシは一言ずつ言葉をつなぎます。そして、弦楽器のユニゾンとともに、絶望して死ぬ運命にある自分の命がいまほど惜しかったことはないと歌うのです。

誰も寝てはならぬ！──『トゥーランドット』から

　世界中で最も有名なメロディーをもつアリアとして、これを耳にすれば、いかにも雄大なオペラだと感じられるのが、オペラ『トゥーランドット』でカラフ役のテノールが第3幕で歌うアリア「誰も寝てはならぬ！（Nessun dorma!）」です。トゥーランドットのアリアと呼ばれることが多いですが、この曲はタイトルロールのトゥーランドット役が歌うアリアではなく、その氷のように冷たい心をもったトゥーランドット姫に求婚する異国の王子カラフが歌うアリアです。このアリアは、その場面の意味として、勝利への思いとトゥーランドット姫への愛を熱烈に歌い上げるものであり、様々な場面で特別な音楽として使用されるため、私たちが耳にする機会も多くなります。

　それでは、王子カラフは何に勝利したのでしょうか。伝説の時代の中国・北京。絶世の美女とされた皇帝の娘トゥーランドットは「3つの謎を解いた者を夫として迎えるが、その謎を解けなかった者は斬首の刑」としていました。この謎解きに挑んだ者が次々と処刑されていきます。しかし、なぜトゥーランドットは、このような残酷で非道なルールを設けたのか。トゥーランドット本人が第2幕のアリア「この宮殿のなかで（In questa Reggia）」で説明します。そ

れは、はるか昔、異国との戦争に敗れた祖国の姫が侵略者に辱めを受けて殺された。その復讐のために謎かけをして、男たちの命を奪っているというのです。トゥーランドットを歌うソプラノには、強い声と劇的な歌唱を可能とするドラマティコの声が必要で、この役は大変な難役です。

　この謎解きに挑戦しようとするのが、トゥーランドット姫を一目見てその美しさに魅せられた王子カラフです。カラフは王子というものの、祖国はすでに滅んでいます。父である老王はすでに弱り果て、視力も失い、一人の女奴隷リュー（ソプラノ）に支えられて放浪の身でした。リューは、かつてカラフが宮殿でほほ笑んでくれたことを思い出として、老王の流浪の旅を支えていました。第1幕でリューは、カラフに謎解きへの挑戦を思いとどまるように懇願します。父は息子を失くすこと、私はあなたのほほ笑みの影を失くすことに耐えられないと歌うアリア「王子、お聞きください！（Signore, ascolta!）」は美しい悲歌です。しかし、カラフの決心は変わりません。リューのアリアに続くカラフのアリア「泣くな、リュー！（Non piangere, Liù!）」では、一人残されるだろう老王のことをリューに託します。

　異国の王子として謎解きに挑戦したカラフは、トゥーランドットが出した3つの謎を見事に解いてみせます。しかし、動揺したトゥーランドットは彼の妻になることを拒みました。そこでカラフは、夜明けまでに私の名を明らかにできたら命をささげよう、と逆に謎を出したのです。トゥーランドットは北京市中に、夜明けまでにあの見知らぬ者の名を調べよ、それがわかるまで誰も寝てはならないと命令したので、群衆は血眼になって彼の名前を調べ始めました。ここで歌われるのが前述したカラフのアリア「誰も寝てはならぬ！」です。私の名前を誰も知ることはできないだろうと、カラフは勝利を確信して歌うのです。

　さて、このオペラ『トゥーランドット』では、ここでもう一つの

ドラマが待っています。第3幕、群衆が探し出したのが、カラフと話をしているところを見られていた老王と女奴隷。二人はトゥーランドットの前に引き出されます。そのとき、リューは自分だけが彼の名前を知っていると言います。リューは拷問にかけられますが、口を割りません。トゥーランドットに、なぜそんなに耐えるのか、何が心にそんな力を与えるのかと問われ、リューは、それは愛の力だと答えます。リューのアリア「氷のような姫君の心も（Tu che di gel sei cinta）」では、氷の心をもつ姫もいずれ彼を愛するようになる、そのとき私は彼にもう会いたくない、と歌います。リューは近くにいた兵士から短剣を奪い、自ら胸を刺しました。人々はカラフの名前を知ることなく、夜が明けるのです。

私の愛しいお父さん──『ジャンニ・スキッキ』から

　これまでみてきたとおり、プッチーニのオペラでは、ソプラノとテノールが主役として活躍し、いずれも聴く者の心に訴えかけるアリアを熱唱します。まさに歌の力を重視するイタリア・オペラの到達地点ともいえるでしょう。プッチーニのほかのオペラからアリアをいくつか紹介します。

　まずプッチーニの初期の出世作になった『マノン・レスコー』には、第1幕で美しく純情な娘マノンを目にした騎士デ・グリューが、このような美しい人に会ったことはなかったと歌うアリア「見たこともない美しい人（Donna non vidi mai）」があります。デ・グリューはテノールの役です。この若々しい愛のアリアを聴くと、その後のプッチーニの恋をテーマとするオペラの成功を予感させます。

　そのデ・グリューとの貧しい生活に耐えきれず、マノンは兄から紹介された裕福な老人の庇護を受けることになります。しかし、その豪華な暮らしにも飽きてしまい、再びデ・グリューと過ごした貧しいけれど愛と情熱に満ちていた生活を望みます。ソプラノが歌う第2幕のマノンのアリア「この柔らかなレースのなかで（In quelle trine morbide)」は、自由奔放なマノンの性格をよく表している名曲です。

アメリカ・カリフォルニアのゴールドラッシュを舞台にしたオペラ『西部の娘』では、盗賊のジョンソン（テノール）と、鉱夫たちに慕われる酒場の女主人ミニーが恋に落ちます。ジョンソンは盗賊という正体が明らかになり、第3幕ではカリフォルニアの広大な森に逃げ込んだものの、捕まってしまいます。縛り首になる直前、ジョンソンは死を覚悟したうえで、アリア「やがて来る自由の日（Ch'ella mi creda libero e lontano）」を歌い、ミニーには自分が自由になって遠くにいると信じさせてほしいと頼みました。短いアリアですが、ミニーへの愛が痛切に伝わってきます。

プッチーニのオペラのアリアとして、最後に『ジャンニ・スキッキ』から、ラウレッタ（ソプラノ）が歌う「私の愛しいお父さん（O mio babbino caro）」を紹介します。ソプラノ歌手がコンサートで歌うことも多いこのアリアは、ラウレッタが父親のジャンニ・スキッキに対して、愛する人と結婚できないのならフィレンツェを横断するアルノ川のヴェッキオ橋から身を投げます、と歌うものです。このオペラはプッチーニには珍しく喜劇であり、川から身を投げるというのは父親への過度な揺さぶり。ニュアンスは、お父さん、どうかお願い！と甘えている曲なのです。ジャンニ・スキッキは、娘の期待に見事に応えて、喜劇の勝利者となります。

プッチーニの生涯とオペラ

プッチーニは1858年12月22日、イタリアのルッカで音楽家の家系に生まれ、幼くして音楽教育を受け、教会のオルガン奏者を務めていました。ピサで公演された『アイーダ』を観て、オペラ作曲家を目指します。ミラノ音楽院に入学し、アミルカ

レ・ポンキエッリに作曲を師事し、また、後輩のピエトロ・マスカーニとは一時同居して苦学をともにしました。師の勧めもあって、『妖精ヴィッリ』を作曲してソンゾーニョ社の1幕オペラの作曲コンクールに応募しましたが、落選します。しかし、このオペラはダル・ヴェルメ劇場で上演されて大成功を収め、楽譜出版のリコルディ社と契約を結ぶことができました。

その後、トスカーナ地方のトッレ・デル・ラーゴに居を構え、そこでオペラを作曲します。1893年（35歳）、3作目の『マノン・レスコー』で再び大成功を収めてオペラ作曲家としての地位を確立します。また、同じ台本作家との共同作業で、『ラ・ボエーム』『トスカ』『蝶々夫人』と次々と名作を生み出しました。その間、人妻だったエルヴィーラと同棲しており、1904年（46歳）に結婚します。このとき、すでに長男は18歳になっていました。『蝶々夫人』の作曲中には、自動車事故で大けがを負います。その事故後に雇った女中とプッチーニとの仲を疑った妻エルヴィーラが、その女中を自殺に追い込んだことにより、女中の親族に訴えられました（大金を払い、示談が成立）。

1907年（49歳）にメトロポリタン歌劇場の招きで訪米したプッチーニは、この歌劇場のために『西部の娘』『三部作』を作曲しました。最後の作品となる『トゥーランドット』の作曲中、喉頭がん治療のためブリュッセルで手術を受けますが、その数日後、24年11月29日、65歳で亡くなります。その遺体はミラノに運ばれて国葬となり、トッレ・デル・ラーゴに埋葬されました。

プッチーニのオペラ以外の歌

プッチーニの歌曲として有名な「太陽と愛（Sole e amore）」は、音楽雑誌の付録のための作品とされていますが、そのメロディーはオペラ『ラ・ボエーム』の第3幕の四重唱に転用され

ました。声楽曲で特筆すべきは、『グローリア・ミサ（Messa di Gloria)』と呼ばれるミサ曲です。なぜか作曲者の意思で出版されずに埋もれていました。美しい「キリエ」から始まり、大規模な「グローリア」を中心としてテノールとバリトンの独唱が効果的に挿入されています。

✝

Column 4

ヴェリズモ・オペラなど

　プッチーニと同時代にイタリア・オペラを作曲した、いわばライバルたちも、多くの名作を残しました。そして、それらのオペラにも多くの観どころや聴きどころがあります。その一部を紹介していきます。

　例えば、プッチーニと同様の『ラ・ボエーム』というオペラを作曲したルッジェーロ・レオンカヴァッロ（1857-1919）がいます。レオンカヴァッロの出世作は『道化師』です。このオペラは、イタリア最南端の村を舞台としています。旅芝居一座がこの村にやってきましたが、一座の座長カニオは、妻のネッダが村の若い青年と駆け落ちする約束をしたのを知ります。カニオは、逃げ去った青年は誰だとネッダを問い詰めようとしますが、ちょうど芝居が始まるので、役者としての準備をしなければなりません。この第1幕でカニオ役のテノールが歌うアリア「衣装をつけろ（Vesti la giubba）」では、こんなときに芝居をするのかと独白しながら、自分に対して、お前は道化師だ、衣装をつけろ、と歌います。泣きながら「笑え、その苦悩を笑え」と、悲痛な心中を激白するのです。オペラは、そのままカニオが芝居と現実の境がわからなくなり、ついには観客の前で妻のネッダと愛人の青年とを刺し殺してしまって終幕となります。

　オペラ『道化師』のように、日常生活に密着した生々しい事件を題材にして、人間の感情を劇的に表現したこの時代のイタリア・オペラを、ヴェリズモ（写実主義）・オペラと呼んでいます。ヴェリズモ・オペラの代表作としては、ピエトロ・マスカーニ（1863-1945）の『カヴァレリア・ルスティカーナ』も名作であり見逃せません。

　まずこのオペラは「カヴァレリア・ルスティカーナの間奏曲

(Interlude from Cavalleria Rusticana)」として、クラシック音楽のなかでも有名なメロディーをもつ音楽で知られています。この美しい音楽とは裏腹に、オペラの題材はイタリア・シチリア島での殺傷事件です。シチリア島の村娘サントゥッツァ（メゾ・ソプラノ）は恋人のトゥリッドゥのことを愛しています。しかし、彼には兵役につく前に恋人がいました。トゥリッドゥが村に戻ったとき、その恋人はすでに他人の妻となっていましたが、トゥリッドゥは彼女とよりを戻します。サントゥッツァは、彼を奪われ、一人残されたことをアリア「ママも知るとおり（Voi lo sapete, o mamma）」で嘆きます。前述の「衣装をつけろ」と同様、悲しみを劇的に表現する歌唱は、聴く者に強く訴えるものがあります。

　マスカーニのオペラ『カヴァレリア・ルスティカーナ』は、イタリアで実施されたオペラ作曲コンクールの優勝作品です。イタリア・ミラノの楽譜出版の老舗ソンゾーニョ社は、同じミラノにあるリコルディ社とライバル関係にありました。リコルディ社は、このときすでに巨匠として君臨していたヴェルディの版権をもち、また、プッチーニのオペラも高く評価して支援していました。これに対抗してソンゾーニョ社は、新しい才能を発掘するために1幕オペラの作曲コンクールを始めます。その第2回の優勝作品が『カヴァレリア・ルスティカーナ』です。レオンカヴァッロのオペラ『道化師』も第3回コンクールへの応募作品でした。全2幕の『道化師』は、1幕ものとするコンクールの規定に合わず失格となってしまいましたが、ソンゾーニョ社がこの作品を評価して上演までたどり着き、成功を収めました。

　ソンゾーニョ社のコンクールに応募していて、その実力が認められた作曲家に、ウンベルト・ジョルダーノ（1867-1948）がいます。ジョルダーノは、なかなか成功作が出ずに苦労していましたが、フランス革命を舞台とした歴史オペラ『アンドレア・シェニエ』の成功によってオペラ史に残ることになりました。革命で没落した貴族

の令嬢マッダレーナは、詩人アンドレア・シェニエと相思相愛の仲になります。そんななかマッダレーナに憧れ、いまや革命政府の幹部になった伯爵家の元使用人のジェラール（バリトン）は、シェニエを陥れて彼を断頭台に送ることで、マッダレーナを手に入れようとします。しかし、第3幕でジェラールが歌うアリア「国を裏切る者（Nemico della Patria?!）」では、自分の進む道に疑問をもちます。国を裏切る者として告発すれば簡単に死刑にできますが、これが理想を追い求め、夢にまで見た革命の真の姿なのかと思い悩むのです。その後ジェラールは、マッダレーナへの愛についても心情に変化が現れます。ジェラール役には複雑な感情表現が求められます。

　フランチェスコ・チレア（1866-1950）も、ソンゾーニョ社に見いだされた作曲家で、『アドリアーナ・ルクヴルール』が代表作です。このオペラは、パリに実在した名女優をモデルとしたアドリアーナ（ソプラノ）に降りかかった悲劇を描いています。作曲家のチレアの特徴の一つとして、その叙情的な音楽が挙げられます。第1幕のアドリアーナが歌う登場のアリア「私は創造の神の慎ましい僕です（Io son l'umile ancella del Genio creator）」は、真の演技に身をささげた女優の芸術性を歌で表現しています。チレアの特徴がよく表れた美しい名歌です。

第9章
R・シュトラウスのオペラ

1 名作Pick Up『ばらの騎士』『アラベッラ』

ドイツ後期ロマン派最後の巨匠

　本章では、リヒャルト・シュトラウス（R・シュトラウス、1864-1949）のオペラ『ばらの騎士』と『アラベッラ』の2作品をあわせて取り上げます。『ばらの騎士』はオペラ史上、最高傑作といわれるほど完成度が高い作品です。加えて、その姉妹作の『アラベッラ』も同様にR・シュトラウスの素晴らしい音楽が堪能できる作品です。

　R・シュトラウスはドイツの作曲家で、1864年に生まれて戦後の1949年に亡くなりました。音楽史のなかでドイツの作曲家としては、まず古典派のベートーヴェン、次にロマン派のワーグナーやヨハネス・ブラームスが活躍し、そしてR・シュトラウスはその次の世代にあたり、後期ロマン派に属します。これ以降のドイツの作曲家は、いわゆる「現代音楽」（無調で、一般的にはメロディーがなく、聴くのが難しい……）の範疇に入ってくるので、R・シュトラウスはドイツ後期ロマン派最後の巨匠ともいわれます。

　ミュンヘンの宮廷劇場の首席ホルン奏者だった父は保守的でワーグナーの音楽を嫌い、リヒャルト少年には、ベートーヴェンやモーツァルトなどウィーン古典派から前期ロマン派の音楽を手本にするように教育していました。ただリヒャルトは、その父の意向に反し

て、10代のころに『タンホイザー』や『ローエングリン』の上演に接したり、『トリスタンとイゾルデ』のスコアを研究したりして、ワーグナーの音楽に引かれていきます。R・シュトラウスが18歳のときには、バイロイトで『パルジファル』の初演にも立ち会いました。ただし、ワーグナーの信奉者になったというよりも、その作曲技法を冷静に自分のものにしたといえそうです。R・シュトラウスはすぐにオペラの作曲を始めたのではなく、キャリアの初期の30代に、フランツ・リストを模範として交響詩の作曲を始めます。この分野でも有名な曲を残し、例えばフリードリヒ・ニーチェの哲学書に基づいて作曲した『ツァラトゥストラはかく語りき』は、映画『2001年宇宙の旅』（監督：スタンリー・キューブリック、1968年）で使用されましたので、冒頭部分を聴けばすぐ曲が思い浮かぶはずです。

　そして、満を持してオペラの作曲にとりかかり、3作目の『サロメ』は初演から大きな反響を呼びます。サロメ役のソプラノ歌手が踊る「7つのヴェールの踊り」の場面が有名です。

> 楽劇『サロメ』から「7つのヴェールの踊り」
> "Tanz der sieben Schleier from Salome"　　　　　　　　　　［10：00］

　オペラ『サロメ』は、その官能性が大衆の好奇心を大いに刺激し、他方で革新的な技法を駆使した音楽は専門家たちにも衝撃をもって迎えられました。同時代の作曲家グスタフ・マーラー（1860-1911）も『サロメ』を観劇して絶賛したそうです。大衆性と芸術的な価値が同居しているところにR・シュトラウスの真骨頂があるようです。

モーツァルトのように

　客席を楽しませ、専門家をうならせる。こうしてオペラとして完璧な作品を意図して発表したのが『ばらの騎士』です。劇作家フーゴ・フォン・ホーフマンスタールが台本を、R・シュトラウスが音

楽を創作しますが、二人はモーツァルトのオペラ、特に『フィガロの結婚』を意識していました。

『フィガロの結婚』では、年上の伯爵夫人に対して、まだ少年の幼さをもった小姓ケルビーノが恋をするところにオペラの面白さが詰まっていました。男性のケルビーノ役はメゾ・ソプラノ歌手が演じます。この点で『ばらの騎士』では、オーストリア帝国陸軍元帥の若き夫人（32歳以下という設定）と17歳の貴族オクタヴィアンが登場し、このオクタヴィアン役をメゾ・ソプラノ歌手が演じるところが共通しています。

『ばらの騎士』では、この元帥夫人とオクタヴィアンが、元帥の留守中に一夜をともにしたその翌朝からオペラの幕が上がります。元帥夫人の寝室のベッドのそばで、オクタヴィアンが「あなたはすてきだった」と歌う歌詞でスタートするのです。不倫の現場であるわけですが、こうして客席の好奇心を刺激していきます。このオペラでは、まず元帥夫人とオクタヴィアンの一夜を表現した冒頭の導入曲と、それに続く二人の語らいから聴いてみたいところです。

> 第1幕「導入曲」
> Act 1："Der Rosenkavalier, Prelude to Act 1" 　　　　　［3：30］

> 第1幕　オクタヴィアン、元帥夫人
> 「あなたはすてきだった！そしていまも！」
> Act 1："Wie du warst! Wie du bist!"（Octavian, Marschallin）
> 　　　　　　　　　　　　　　　　　　　　　　　　　　　　　　［9：30］

ウィーンの物語

オペラ『ばらの騎士』は、18世紀半ばのウィーンを舞台にしています。ストーリーを簡単に紹介すると以下のとおりです。

早朝、元帥夫人のもとに突然オックス男爵が訪ねてきます。元帥

夫人のいとこである男爵は、好色で知られた田舎貴族。そんなオックス男爵が元帥夫人を訪ねてきたのは、彼が新興貴族の娘ゾフィーと婚約したので、彼女に「銀のばら」を贈る「ばらの騎士」を紹介してほしいと頼みにきたからでした。元帥夫人はばらの騎士としてオクタヴィアンを推薦します。オクタヴィアンはばらの騎士の役目としてゾフィーに銀のばらを贈りますが、このときオクタヴィアンとゾフィーの若い二人はお互いに一目惚れしていました。続いてオックス男爵の登場です。彼は婚約者のゾフィーに下品な物言いをしつづけたので、ゾフィーはすっかりこの結婚がいやになってしまいました。

　オペラの後半では、この下品で好色なオックス男爵をオクタヴィアンがやり込めることで男爵はこの結婚話から引き下がります。残ったのは、元帥夫人、オクタヴィアン、そしてゾフィー。二人の女性の間でオクタヴィアンは戸惑います。そのとき、元帥夫人は身を引くことを決心し、静かに立ち去ります。その後二人になったオクタヴィアンとゾフィーは、抱き合いながら愛を誓い合ったのでした。

バス歌手の真骨頂

　R・シュトラウスは、モーツァルトのオペラを意識しただけでなく、聴衆が好みそうな様々な要素をこのオペラに盛り込みました。例えば、帝都ウィーンの貴族文化を下地にした舞台。オーソドックスな演出ではロココ風の舞台が用意され、時代は異なりますがウィンナ・ワルツに彩られた音楽で満たされます。

　オックス男爵の役には、喜劇オペラに典型的な小心者の人物を当てます。しかし、この人物も個性的で、バス歌手にとっては演じてみたい魅力的な役柄です。嘘の恋文をもらったことに気がつかず上機嫌になったオックス男爵が口ずさむワルツのメロディーが有名です。第2幕の最後の場面ですが、オックス男爵役のバス歌手が歌う最後の音は低い「ミ」の音。しかも6小節18拍にわたって伸ばし続

けます。バス歌手の技術の見せどころになっています。

> 第2幕　オックス男爵、アンニーナ
> 「騎士さまへ！──私と一緒なら夜も長くはない！」
> Act 2："Herr Kavalier!... Mit mir, mit mir keine Nacht dir zu lang!"
> (Baron Ochs, Annina)　　　　　　　　　　　　　　　　[4：30]

音楽の職人

　R・シュトラウスの手にかかれば、あらゆるエンターテインメントがオペラに盛り込まれます。このオペラはドイツ人の作曲家によるドイツ語のオペラですが、1カ所だけイタリア語で歌われる場面があります。それは、第1幕で元帥夫人の部屋に通された人々のなかにイタリア人歌手（テノール）が紛れ込んでいて、この歌手がイタリア・オペラの一節を披露する場面です。

> 第1幕　テノール歌手
> 「かたく武装する胸をもて、われは愛にさからえり」
> Act 1："Di rigori armato il seno"（Italian Singer）　　　　[2：15]

　R・シュトラウスは、机の上のスプーンやビールジョッキでさえ音楽で描くことができると豪語したそうです。作曲技法上、何でもできるということを見せたかった。つまり、やろうと思えばイタリアのベルカント・オペラだって作曲できるということを証明したかったのかもしれません。この部分を歌う役は名前もなく、単に「歌手」という役名です。ただし、その時代の大物テノールがゲスト出演して客席を大いに楽しませてくれることもあります。

ばらの献呈

　オペラ『ばらの騎士』のタイトルにもなっている「ばらの騎士」

の存在は事実ではありません。婚約した相手にばらの騎士が「銀の
ばら」を贈るという習慣は、このオペラの作り話です。しかし、こ
の銀のばらのエピソードが、自然で、あたかも本当の習慣であるか
のように物語に組み込まれています。

　そして、ばらの騎士であるオクタヴィアンが銀のばらを持ってゾ
フィーの前に現れ、二人が恋に落ちる場面は、世にあるオペラの名
場面のなかでも最高の瞬間として描かれています。

> 第2幕　オクタヴィアン、ゾフィー
> 「ばらの献呈」「気高くも美しき花嫁に」
> Act 2："Presentation of the Rose""Mir ist die Ehre widerfahren"
> （Octavian, Sophie）　　　　　　　　　　　　　　　　　　［7：45］

　ゾフィーは、ばらの騎士と対面し、これを「天から贈られた挨
拶」だと形容しています。そして、銀のばらからは「この世のもの
とは思えない香り」がすると言うのです。オクタヴィアンとゾフィ
ーは二人で「私は死ぬまでこの瞬間を忘れない」と歌います。R・
シュトラウスはこの瞬間を煌びやかな音楽で彩りました。

　その二人の間でじゃまをするのがオックス男爵です。卑猥な言葉
をかけながら婚約者のゾフィーを傷つける男爵の振る舞いに耐えら
れず、ついにオクタヴィアンは「あの男と結婚するつもりですか」
とゾフィーに問います。ゾフィーの答えは、もちろん「いいえ、決
して」。オクタヴィアンはゾフィーに口づけをし、二人はお互いの
愛を確かめて歌います。

> 第2幕　オクタヴィアン、ゾフィー
> 「目に涙をうかべ」
> Act 2："Mit Ihren Augen voll Tränen"（Octavian, Sophie）　　［3：45］

時の移ろい

　オックス男爵の婚約話をめぐるドタバタ喜劇は、オクタヴィアンとゾフィーの勝利で無事に片付きます。しかし、このオペラの最も注目すべき場面は、もう一つの重要な主題である元帥夫人とオクタヴィアンの別れにあります。

　オックス男爵に頼まれて、銀のばらを婚約者に持っていく「ばらの騎士」にオクタヴィアンを指名したのは、ほかでもない元帥夫人その人でした。元帥夫人は、銀のばらを見て自分の若かったころを思い出します。決められた結婚をするように命じられた日のことです。そして手鏡を取ってそこに映るいまの自分のことを見て愁うのです。そういえばモーツァルトの『フィガロの結婚』でも伯爵夫人は登場シーンで同じように「愁い」を表現していました。オペラ『ばらの騎士』の主題は「時の移ろい」にあります。元帥夫人が若き日々を思い返すモノローグは、R・シュトラウスが書き込んだ繊細な音楽に支えられて、このオペラの白眉といえる名場面になっています。

> 第1幕　元帥夫人
> 「やっと行ってくれた──いまはどこにいるの？」
> Act 1 : "Da geht er hin... Wo ist die jetzt?"（Marschallin）　　［5：45］

　第1幕の終わりで、すでに元帥夫人はオクタヴィアンに、もっと若く、もっと美しい人のために自分のもとを去っていくにちがいないと伝えます。もちろんオクタヴィアンは否定しますが、元帥夫人は譲りません。元帥夫人はオクタヴィアンに言うだけでなく、自分に言い聞かせるように繰り返します。今日か明日か、あるいは明後日か、時の移ろいがその日を運んでくることを元帥夫人はすでに予感しているのです。

その日は思っていたよりも早くきます。オペラの最後の場面です。オクタヴィアンは、望まない婚約からゾフィーのことを救ったあと、元帥夫人とゾフィーの間に立って戸惑います。元帥夫人は、こんなに早くその日がくるとは思っていなかったと言いながら、自分が身を引くことを決心します。オクタヴィアンが万感の思いを込めて元帥夫人の名前「マリー・テレーズ」と呼びかけるところから始まる三重唱は、三者三様の感情が交錯しながら歌われます。オペラ史上、最高峰の名場面と断言できます。

元帥夫人は静かにその場を立ち去ります。舞台には、オクタヴィアンとゾフィーの二人だけ。「夢のようだ……」「夢なのでしょうか……」と語りながら、二人は愛を誓い合ったのでした。

姉妹作『アラベッラ』

　R・シュトラウスは、オペラ『エレクトラ』を皮切りに、劇作家ホーフマンスタールとタッグを組んで計6作のオペラを作曲しました。その2作目が『ばらの騎士』、そして最後の6作目が『アラベッラ』です。R・シュトラウスは早くから第二の『ばらの騎士』を作曲したいと考えていて、その点でホーフマンスタールと意見が一致します。そこで、同じウィーンを舞台とする喜劇的オペラとして『アラベッラ』が創作されました。

　二人は相談しながら『アラベッラ』の台本を作成していきます。ホーフマンスタールから送られた第1幕の最終稿を見たR・シュトラウスは「第1幕は素晴らしいです。心からの感謝と、そして幸せを祈念して」という電報をホーフマンスタールに返送しました。しかし、ホーフマンスタールはこの電報を見ていません。第1幕をR・シュトラウスに送付したその数日後、ホーフマンスタールの一人息子が自殺してしまい、そして、ホーフマンスタール自身もその後を追うように亡くなってしまったからです。第2幕、第3幕の台本は暫定的な草稿が残されただけでしたが、R・シュトラウスはこれらを使用してオペラを完成させます。こうしてオペラ『アラベッラ』は、R・シュトラウスとホーフマンスタールのタッグによる最後のオペラ作品になってしまいましたが、その最後に『ばらの騎士』の姉妹作ともいえる傑作が誕生したのです。

姉弟によるソプラノ二重唱

　『アラベッラ』は同じウィーンを舞台にしていますが、時代は少し異なります。『ばらの騎士』が18世紀半ばのマリア・テレジア治世でハプスブルク家が栄え、華やかな貴族の世界を描いているのに対して、『アラベッラ』はそれから約100年後、1860年代のウィーンとしてあって、すでに零落した貴族社会を舞台としています。タイ

トルロールのアラベッラはソプラノの役です。彼女は貴族のヴァルトナー伯爵家の長女ですが、賭け事好きの伯爵のせいで経済的に困窮している一家という設定です。この設定は、オペラのなかで重要な意味をもちます。

なぜかといえば、女の子を貴族の娘として育てるには大変お金がかかるので、アラベッラの妹であるズデンカは男の子として育てられている……すなわち、妹ズデンカ役のソプラノ歌手は、男装をして舞台に上がります。『ばらの騎士』のオクタヴィアンがズボン役でメゾ・ソプラノ歌手が演じるのと同様、ズデンカ役も舞台上はズボン役になります。ただし、少し違うのは、ズデンカが本当は女性だというところ。女性ですが、ストーリー上、伯爵家で男の子として育てられているわけです。

もちろん、貴族の娘を育てるには大変なお金が必要なので男の子として育てる、という慣習は作り話です。しかし、このオペラではこの設定で、ズデンカが男性、つまりはアラベッラの弟として育てられたことからドラマが生まれます。

長女のアラベッラは美しい令嬢だったので、多くの貴族に求婚されました。求婚者の一人マッテオはアラベッラにその思いが届かず、いまにも自殺しそうな、そのくらいの勢いです。実はそのマッテオのことをひそかに愛しているのは男同士の友人という立場だった妹のズデンカのほうでした。ズデンカは男性として生きていますので、その気持ちを明らかにすることができません。逆にマッテオのために、いかに彼がアラベッラのことを愛しているのかを姉に伝えます。しかし、アラベッラは自分にふさわしい人との出会いを望み、その人との結婚を望みます。アラベッラとズデンカ、姉弟それぞれの思いを語る場面がソプラノ二重唱によって実現します。

第1幕　アラベッラ、ズデンカ
「私にふさわしい人がいるのなら」

婚約の二重唱

そこへ見知らぬ男が訪ねてきます。その男はマンドリカと名乗ります。実はヴァルトナー伯爵は、昔の軍隊時代の旧友でクロアチアの大地主マンドリカに、娘の写真を入れた手紙を出していました。大金持ちのマンドリカがアラベッラに求婚すれば、もうお金には困らないと算段していたのです。しかし、伯爵の旧友はすでに亡くなっていました。そのかわり、その財産と家来のすべてを継いだ甥っ子がアラベッラの写真に魅せられ、彼女に求婚するためにはるばる旅をしてきたのです。全財産を継いでいることがわかったので、もちろん伯爵は二つ返事で娘を紹介することに承諾します。

場面はウィーンの舞踏会場。父からマンドリカを紹介されたアラベッラは、異国の求婚者に引かれていきます。マンドリカは若くして妻に先立たれたことを話し、自分の広大な土地に来て一緒に住んでほしいとアラベッラに伝えます。アラベッラも恋に落ち、彼に永遠の愛を誓います。ここで、アラベッラとマンドリカ（バリトン）によって恍惚とした婚約の二重唱が歌われるのです。

第2幕　アラベッラ、マンドリカ
「あなたは私の夫となり」
Act 2 : "Und du wirst mein Gebieter sein"（Arabella, Mandryka）
[3 : 00]

グラス1杯の水

ここで事件が起きます。アラベッラのことを死ぬほど好きだと言っていたマッテオ。アラベッラに思いが届かないマッテオは絶望し、軍隊に入って死を選ぼうとします。それを思いとどまらせようとズ

デンカは、アラベッラからと言って、ホテルの自分の部屋の鍵を渡しました。ズデンカは元はといえば女性、それにアラベッラの妹。部屋を暗くしておけばわからない。姉になりかわってベッドのなかでマッテオを待とうというのです。

　このあとの第3幕は混乱します。部屋から出てきたマッテオは、一緒にいたはずのアラベッラがなぜか外にいるので困惑します。そこにマンドリカも来てアラベッラが裏切ったと罵り彼女を強く非難します。当然アラベッラは身の潔白を主張します。マッテオとは何もなかったのですから。しかし、マンドリカは信じられません。マッテオに決闘を申し込むところまでいきます。

　そのとき、女性の姿をしたズデンカが部屋から出てきて、みんなにすべてを告白しました。マンドリカは無実のアラベッラを非難したことを後悔します。自制を失って恥じ入るマンドリカに、アラベッラはすべてを忘れましょうと声をかけました。

　舞台に一人になって打ち沈むマンドリカ。そこにグラス1杯の水を持ったアラベッラが現れます。マンドリカの故郷には、花嫁が婚約の誓いとして、グラス1杯の清き水を花婿に渡す風習があると彼から聞いていたことを覚えていたのです。

> 第3幕　アラベッラ、マンドリカ
> 「まだあなたがいて本当によかった、マンドリカ」
> Act 3 : "Das war sehr gut, Mandryka, daß Sie noch nicht fortgegangen
> sind"（Arabella, Mandryka）　　　　　　　　　　　　　　［8：00］

　この最終場面は、R・シュトラウスの手によって作り出された素晴らしい音楽で満たされました。アラベッラがマンドリカにグラス1杯の水をささげるという印象的な所作とともに、感動的なオペラのフィナーレになっています。

R・シュトラウスの生涯とオペラ

　R・シュトラウスは1864年6月11日、ドイツのミュンヘンで生まれました。ホルン奏者の父は早くからピアノや作曲など音楽教育を受けさせました。学業とも両立させ、ミュンヘン大学では哲学などを学びます。音楽的才能の開花を抑えることはできず、ハンス・フォン・ビューローに認められ、マイニンゲンの地で指揮や作曲の機会を得ました。その後、指揮者としてはワイマール、ミュンヘン、ウィーンでも名声を博し、晩年まで指揮台に立っています。作曲家としても早くから優れた作品を書き、特に交響詩の分野では『ドン・ファン』『ティル・オイレンシュピーゲルの愉快ないたずら』『ツァラトゥストラはかく語りき』など多数の傑作を世に送り出しました。94年（30歳）に最初のオペラ『グントラム』が初演され、それに出演していたソプラノ歌手パウリーネ・デ・アーナと結婚します。3作目のオペラ『サロメ』はその官能的・刺激的な音楽が物議を醸しました。次の『エレクトラ』から劇作家ホーフマンスタールの台本でオペラを作曲し、1911年（47歳）初演のオペラ『ばらの騎士』で大成功を収めます。

　その後も、『ナクソス島のアリアドネ』『影のない女』『アラベッラ』などホーフマンスタールとの共同作業で次々とヒット作を発表します。最後のオペラ作品『カプリッチョ』までに全15作のオペラを作曲しました。リストやワーグナーの影響を受けて19世紀の伝統的な音楽語法を継承し、ドイツ後期ロマン派最後の巨匠と呼ばれています。交響詩やオペラ創作のかたわら生涯にわたって歌曲を作曲しました。第二次世界大戦後、ドイツの敗北で戦犯に問われましたが無罪となります。その後は静かな余生を送り、1949年9月8日（85歳）、アルプスの麓ガルミッシュの山荘で亡くなりました。

R・シュトラウスのオペラ以外の歌

　ドイツ・リート（歌曲）は、R・シュトラウス抜きに語ることはできません。「献呈（Zueignung Op.10-1）」「夜（Die Nacht Op.10-3）」「万霊節（Allerseelen Op.10-8）」など若いころから名作を残しています。逆に最晩年に作曲したソプラノのための「4つの最後の歌（Vier letzte Lieder）」は、いずれも生と死について歌っています。R・シュトラウスの歌曲から1曲だけ選ぶなら「明日の朝（Morgen! Op.27-4）」。先を見通せない現代社会には、「そして明日の朝、また太陽は輝くだろう……」と始まるこの歌曲が求められているのではないでしょうか。

第10章

フォーレのオペラ

1 名作Pick Up『ペネロープ』

オペラ探求の可能性

　本書ではこれまで、名作といわれるオペラを "Pick Up" してきました。目次に掲げたオペラのタイトルは、どれも有名なものばかり。『魔笛』や『カルメン』など、そのタイトルを見れば、オペラであることをすぐに思い浮かべることができるくらいよく知られたオペラが並んでいるはずです。

　そこで本章だけは、珍しいオペラを紹介してみましょう。もちろん、オペラハウスのレパートリーになかなか定着しない珍しいオペラは多数存在します。そこで単に珍しいオペラというだけでなく、作曲家は有名なのになぜか上演機会が少ないオペラ、ガブリエル・フォーレ（1845-1924）の『ペネロープ』を取り上げます。

　フォーレは、『レクイエム』や数々の室内楽曲の傑作を残したフランスの作曲家であり、クラシック音楽の愛好家にはおなじみの存在です。さらに、その『レクイエム』をはじめとする声楽曲や数多くの歌曲など人の「声」を扱う音楽で成功していることから、それではオペラにはどんな作品があるのかと期待する人も多いはずです。

　しかし、同じフランスの作曲家のビゼーは『カルメン』、サン゠サーンスは『サムソンとデリラ』、ドビュッシーは『ペレアスとメリザンド』と、それぞれオペラ史に輝くオペラ作品を残しているの

とは対照的に、フォーレの唯一のオペラ『ペネロープ』は不思議な
ことに、現在は舞台にかけられる機会がほとんどありません。フォー
レの音楽がもつ性格、例えば内省的であったり洗練されていたり
する部分は、派手で誇張されたオペラの分野と親和性が低い……と、
そう簡単に決められるものでしょうか。

　タイトルがよく知られた有名オペラでなくても、傑作は無数に存
在します。そのようなオペラを発見していくことも、オペラ鑑賞の
醍醐味の一つです。オペラ探求の一例として、フォーレの『ペネロ
ープ』の観どころや聴きどころを探っていきます。

フォーレの作曲技術

　オペラ『ペネロープ』の原作は、ホメーロスの叙事詩『オデュッ
セイア』です。トロイアの戦争で活躍した知将オデュッセウスは、
故郷イタケに帰還しようと出航したところ、海神ポセイドンの怒り
を買い、10年以上の間、海をさまようことになります。イタケの
王であるオデュッセウスの帰りを待つ王妃ペネロペイアは、多くの
求婚者たちの横暴な振る舞いに耐えながら、夫の帰りを待っていま
した。とうとうオデュッセウスがイタケの地に戻り、求婚者たちを
処罰し、王と王妃は再会に歓喜するというのが『オデュッセイア』
のあらすじです。

　フォーレのオペラでは、この物語のうち、王宮で一人待つペネロ
ペイアに早く再婚相手を選べと強要する求婚者たちに対し、物乞い
の老人に姿を変えて秘密裡に戻ったオデュッセウスが彼らを討ち亡
ぼす様子が描かれています。役名はフランス語でペネロペイアはペ
ネロープ、オデュッセウスはユリッスとされ、それぞれソプラノと
テノールの声域があてがわれています。それまで満足できるオペラ
の台本に出合っていなかったフォーレは、古代ギリシャを舞台とし、
知性ある王ユリッスとその帰りを待つ貞淑な王妃ペネロープによる
物語を得ました。すでに聴覚が衰えて音が聞こえないなか、しかし

円熟期にあったその作曲の技術を注ぎ込み、フォーレは6年の歳月をかけて上質なオペラを完成させます。

　フォーレのオペラも、ほかの多くのオペラと同様にワーグナーの楽劇の影響を受けていて、ライトモティーフを使用して音楽が構成されています。まず前奏曲を聴いてみると、その冒頭部分にペネロープとユリッスのそれぞれの動機が現れます。

　┃「『ペネロープ』の前奏曲」
　┃ "Pénélope, Prelude"　　　　　　　　　　　　　　　　［6：30］

　冒頭に弦楽だけで奏でられる第1主題は、「ペネロープの動機」です。ため息のような愁いが感じられる4度（「ド」と「ファ」の幅）の下降する音程から始まる特徴的な動機です。そして、演奏時間で1分ほど進んだ17小節目から、フォルティッシモの合奏で強烈な和音が鳴らされます。ここでは6度（「ド」と「ラ」の幅）の下降する音程が2回連続しますので、すぐに耳が覚えるはずです。これが「ペネロープの苦悩の動機」で、オペラ全体でペネロープが苦しみを示すとき、そしてユリッスの帰還を懇求するときに聞こえてきます。

　前奏曲の第2主題は、「ユリッスの動機」です。42小節目（冒頭から演奏時間で2分ほどの位置）に弦楽の上で、トランペットのソロが入ります。このトランペットで奏でられるのが「ユリッスの動機」です。オクターヴの跳躍から始まる高貴で、かつ勇ましい旋律は、まさにトロイア戦争で活躍したギリシャ側の優れた知将を表すのにふさわしいといえるでしょう。

　オペラ『ペネロープ』には、こうしたわかりやすいライトモティーフがちりばめられていて、和声法と対位法が織りなすフォーレの作曲技術を味わうことができます。

オデュッセウスの帰還

　オペラの第1幕では、ユリッスが物乞いの老人に姿を変えて王宮に戻る場面が描かれています。ユリッスは、10年続いたトロイア戦争、そして故郷のイタケに帰るためにさらに10年間も海をさまよった結果、合計20年間、王宮を留守にしていました。少なくとも戦争後の10年は行方がわからなくなっています。

　イタケの実力者たちは、ユリッスはもう死んだものとして、再婚相手を選ぶようにペネロープに迫ります。このオペラでは、5人の求婚者（テノール2、バリトン3）が絶世の美女とされたペネロープと、加えて王としての権力と財産とを求め、名乗りをあげます。しかし、ペネロープが頑なに夫の帰りを待つというので、5人の求婚者は主人がいない王宮に上がり込み、飲めや食らえの贅沢三昧に振る舞いました。ペネロープの侍女たちに酒を注がせて、あげくの果てには彼女たちにも手を出す始末。ペネロープは自室に籠りますが、彼女に出てくるように要求します。

　ペネロープも一計を案じます。年老いた義父のために、元国王として見合う死に臨む着物を織り上げたら、再婚相手を選ぶと求婚者たちに約束しました。そうしておいて、織ったものをまたほどいて時間を稼いでいたのです。しかし、それも求婚者たちに見破られました。求婚者の一人が織り機の覆いを剥ぎ取ると、少しも進んでいないことが発覚します。

　求婚者たちは、目の前でペネロープに作業を進めさせ、その横で自分たちは侍女たちからワインを受け取り、踊り子を呼んで宴会を始めます。このとき「踊りの音楽」として、ハープの分散和音の伴奏にフルートのソロの旋律が乗り、魅惑的な音楽が演奏されます。この音響は、フォーレの名曲「シシリエンヌ」を思い起こさせるでしょう。

第1幕「踊りの音楽」
Act 1 : "Air de danse"　　　　　　　　　　　　　　　　　　　[1:15]

管弦楽組曲『ペレアスとメリザンド』から「シシリエンヌ」
"Sicilienne, Pelléas et Mélisande, Op. 80-4"　　　　　　　[3:45]

　求婚者たちからの侮辱に耐え続けるペネロープは、立ち上がって
ユリッスへの想いを歌います。踊りの音楽の延長からハープの伴奏
に導かれ、悲しくも、しかし決然と、ユリッスに帰ってきてほしい、
そして私を苦しみから救ってほしいと訴えます。

第1幕　ペネロープ、ユリッスの声
「ユリッス！誇り高き夫よ！」「おーい！」
Act 1 : "Ulysse! Fier époux!"（Pénélope）,"Holà! Ho!"（La voix
d'Ulysse）
　　　　　　　　　　　　　　　　　　　　　　　　　　　[2:15]

　すると、声が聞こえてきます。ユリッスの声です。いいえ、そう
ペネロープの耳には聞こえました。「ユリッスの動機」をトランペ
ットが示しながら、しかし王宮に入ってきたのは、ぼろを着て物乞
いにきた老人でした。もちろん求婚者たちは、この物乞いの老人に
口汚く罵声を浴びせて即座に追い払おうとします。老人が、ユリッ
ス王はもっと心の広い王だったはずだが……とつぶやくと、ペネロ
ープが前に出てきて、王宮に老人を迎え入れよと命じます。

足の傷痕のエピソード

　ペネロープは王宮に仕える老女エウリクレ（メゾ・ソプラノ）に、
老人の足を洗って食事を出すように言います。エウリクレはユリッ
スの乳母でした。すでに年老いていましたが、彼女もユリッスの帰
還を心待ちにしている一人です。

そして、エウリクレが老人の足を洗っていると、あることに気がつきます。それは傷痕。昔、この傷痕は何度も見た。間違いない、あなたはユリッス様だと。

　老人はすぐにエウリクレの口を閉ざし、騒ぐな、声を落とせ、とささやきました。求婚者たちを処罰し、復讐をしたければ、ペネロープにこのことを隠しているようにと命じたのです。

　ユリッスとしても老人の姿になって故郷に戻ったことで、ペネロープと王宮がこのような苦境に立たされていることを確かめることができました。20年の歳月を経て帰還し、妻が自分を待っていたことへの喜びと、王宮を荒らしていた求婚者たちへの怒りは、いかばかりだったことでしょう。一人になったユリッスは、その思いを吐き出すように歌います。

　┃ 第1幕　ユリッス
　┃ 「愛しい妻よ！愛しい妻よ！」
　┃ Act 1 : "Épouse chérie! Épouse chérie!"（Ulysse）　　　　［1 : 30］

内省的な愛の二重唱

　第2幕では、ペネロープと老人（すなわちユリッス）の二重唱を中心に物語が進行します。その日の夜のことです。海に臨む丘の頂には大理石の円柱が立ち、円形の長椅子が置いてあります。毎夜、月の光に照らされたその長椅子に座り、ペネロープは水平線の彼方からユリッスが乗った船が現れることを待っていました。

　ペネロープは老人に、どのようにしてイタケの王ユリッスの名を知ったのかを問います。老人は、かつてクレタ島の王だった自分の家にユリッス王を泊めたことがあると言いました。ペネロープがそのときユリッスが着ていた服を尋ね、それを老人が正確に答えると、まさにユリッスその人であることが彼女にも確認できます。ペネロープは老人に、ユリッスがすでに王宮のことも妻のことも忘れ、誰

かほかの美しい娘のもとにいるのではないかと不安を口にします。老人は、愛する人から離れていてはトロイアでの勝利も味気なく、必ずあなたのもとに帰ってくるはずだと話しました。

　ペネロープは、老人に対して夫への愛を語り、ユリッスはそれを聞いて自分の気持ちを老人を介して妻に伝えます。このオペラの愛の二重唱は、単純な愛の告白を超え、内省的な感情の発露となっていて、フォーレが紡ぎ出す音楽とともに深い心理的な表現を実現しているのです。

> 第2幕　ペネロープ、ユリッス、（エウリクレ、エウメ）
> 「この柱の前の長椅子に来ては」
> Act 2 : "C'est sur ce banc, devant cette colonne" (Pénélope, Ulysse, Euryclée, Eumée)
> [22 : 30]

　求婚者たちに再婚を迫られる明日の朝のことを恐れるペネロープ。老人は、王宮の壁にかかっているユリッスの弓を引くことができた者と婚約すると求婚者たちに言うように彼女に勧めます。ユリッスの神々しい大弓はユリッス本人にしか引くことはできず、求婚者たちがありえない栄誉を争っているうちにもユリッスは必ず帰ってくるだろうとペネロープのことを励ましたのです。

　ペネロープはこの策に同意して、自室に戻って眠りにつきます。老人は夜のうちに羊飼いのエウメ（バリトン）のもとを訪ね、ほかの羊飼いたちも集めて、彼らに正体を明かしました。ユリッス王を慕うエウメと羊飼いたちは、横柄な求婚者たちに虐げられていて、王の帰還を待ちわびていた者たちであり、王の姿を見て歓喜します。ユリッスは彼らに、翌朝、求婚者たちを一掃するための手助けを頼みました。

オデュッセウスの大弓

　次の日の朝、第3幕の舞台は王宮の広間です。ペネロープは、老人から授けられた策のとおりユリスの弓を持ってこさせて、求婚者たちに対し、この弓を引いて12本並べられた斧を射抜いた者を婚約者に選ぶと宣言します。5人の求婚者たちは、見たこともないような大弓にひるみながらも、順番に弓を引くことに挑戦します。しかし案の定、弓はぴくりとも動かず、誰もまともに引くことはできません。巧妙な策だと憤りながら弓を放り出し、求婚者たちは召使たちにワインを持ってこさせて飲み始めます。

　そこに横からこれを見ていた老人が彼らの前に歩み寄り、昔は弓を引く力をよく褒められたもので、一度試させてもらえないかと頼みました。求婚者たちは、やらせてみて笑ってやろうとお互い老人をばかにしながらワインを飲み干します。

　第3幕　ユリッス
　「素晴らしい武器だ……」
　Act 3："C'est une belle arme..."（Ulysse）

　老人が弓に手をかけると、「ユリッスの動機」が高々と鳴り響きます。そして老人は難なく弓を引き絞り、放たれた矢は12枚の斧を貫きました。驚く求婚者たち。老人はもう1本の矢を手に取り、求婚者の一人を狙って放ちます。その矢は見事に求婚者を射抜いたのです。

　老人は着ていたぼろを脱ぎ、物乞いの衣服を投げ捨てます。腰を伸ばし、老人の変装を取ると、そこにはトロイア戦争に参加した英雄ユリスの姿がありました。広間にいたすべての人がユリスの名を叫びます。もちろんペネロープも悲鳴にも似た声で夫の名を叫んでいました。

ユリッスの合図で、エウメと羊飼いたちが広間に流れ込んできて、逃げ惑う求婚者たちを追いかけます。求婚者たちは次々と、ユリッスと羊飼いたちに倒されました。

> 第3幕　ユリッス、ペネロープ
> 「正義の鉄槌は下された！」
> Act 3："Justice est faite!…"（Ulysse, Pénélope）

　目の前に現れたユリッスに対してペネロープは、あなたのためだけに生きてきたと喜びを伝えました。二人は一緒に生きることを誓います。イタケの国の人々がユリッスの帰還に歓喜し、全能の神ゼウスをたたえて終幕となります。

フォーレの生涯とオペラ

　フォーレは1845年5月12日、フランス南西部のパミエで生まれ、父が校長をしていた師範学校の礼拝堂でオルガンや合唱を聴いて育ちました。54年（9歳）、パリのニデルメイエール音楽学校に入学し、作曲をカミーユ・サン゠サーンスなどに師事します。優秀な成績でこの学校を卒業し、その後各地の教会でオルガン奏者を務めました。

　1870年（25歳）からの普仏戦争には志願兵として参加し、翌年、フランスの作曲家のための国民音楽教会の設立と同時にメンバーに名を連ねます。また、78年（33歳）ごろ、ドイツを訪れてワーグナーの『ニーベルングの指環』などに接することができました。83年（38歳）に彫刻家の娘マリー・フルミエと結婚します。しかし、85年（40歳）に父を、2年後に母を亡くしました。こうした出来事のなかで、『レクイエム』を作曲して

います。

　1896年（51歳）、マスネの後を継いでパリ音楽院の作曲と対位法の教授に就任しました。このとき、オペラでもカンタータでもない野外劇のための巨大な編成による『プロメテ』を作曲し、これをフランス南西部のベジエで初演しています。1905年（60歳）には、パリ音楽院の院長になりました。フォーレはオペラの作曲を試みていましたが、満足できる台本を手にしていませんでした。

　1907年（62歳）にモンテカルロに滞在中、ソプラノのワーグナー歌手から紹介された若い作家が書いた台本に出合います。難聴に苦しみながら作曲を進め、13年（68歳）、唯一のオペラ『ペネロープ』が初演されました。20年（75歳）にパリ音楽院の院長を辞し、24年11月4日、79歳で亡くなり、国葬をもって悼まれました。

フォーレのオペラ以外の歌

　フォーレは『レクイエム（Requiem Op.48）』や「パヴァーヌ（Pavane Op.50）」などの有名な声楽曲に加え、「夢のあとに（Après un rêve Op.7-1）」「月の光（Clair de lune Op.46-2）」など数多くの歌曲を作曲していて、この分野ではフランスを代表する作曲家だといえます。そのなかでも、ニデルメイエール音楽学校の卒業作品として作曲した合唱曲「ラシーヌの雅歌（Cantique de Jean Racine Op.11）」はきわめて美しい佳曲です。

第11章
J・シュトラウスのオペレッタ

1 名作Pick Up『こうもり』

オペレッタの傑作

　本書の最後の章として、オペラではなく「オペレッタ」の傑作、ヨハン・シュトラウス2世（J・シュトラウス、1825-99）の『こうもり』を取り上げます。オペレッタは、日本語では喜歌劇などと訳されます。語源としては「小さいオペラ」という意味合いですが、芸術作品として、決してオペラに見劣りするものではありません。

　オペラの発展とともにシリアスなドラマが増えてきて、次第に欠けてきた要素である「笑い」。笑いを重視して、客席を気軽に楽しませてくれるのがオペレッタです。もちろん、オペレッタに出演する歌手はトレーニングを積んで鍛えられた声をもつオペラ歌手であり、舞台上でマイクを通さず、オペラハウスの隅々にまでその歌声を届けます。聴きやすい音楽に乗せてオペラと同等の歌声が駆使され、笑いあり涙ありの楽しいストーリーが展開します。

　オペラと形式的に異なる点としては、オペラが最初から最後まで歌詞を歌いながら進行するのに対して、オペレッタでは曲と曲の間の台詞は、歌わずに会話でつないでいくことが挙げられます。音楽が途中で切れて、会話をしながらストーリーが進み、そして再度、音楽が開始され、歌手が歌い始める。このようにオペレッタには途中で演劇的な要素がより多く入ってきます。オペレッタに出演する

歌手は、その歌声の素晴らしさはもちろんのこと、舞台上での会話をしながらの演技力も大きく問われることになるのです。

　オーストリアのウィーンの作曲家J・シュトラウスによるオペレッタ『こうもり』は、ウィンナ・ワルツのメロディーに乗って人間の喜怒哀楽を「笑い」のなかで表現した傑作であり、多くのオペラハウスで上演されている最も有名なオペレッタです。そこにどんな「笑い」が仕掛けられているのか、それをみていくことにしましょう。

こうもりの復讐

　まず、『こうもり』というタイトルの意味を知るところから始めなければなりません。このタイトルは「こうもり博士」の異名をもつファルケ博士のことを指します。それでは、なぜファルケ博士は、こうもり博士と呼ばれているのでしょうか。

　時はこのオペレッタが作曲された当時のこと、舞台はオーストリアの温泉地イシュル。ファルケ博士には、裕福な銀行家であるアイゼンシュタインという親友がいました。あるとき、彼らは一緒に仮装舞踏会に出かけます。ファルケはこうもり、アイゼンシュタインは蝶々という扮装です。二人とも舞踏会を大いに楽しみましたが、このときファルケは、アイゼンシュタインによる悪ふざけに引っかかります。ファルケはお酒をたくさん勧められたので、すっかり酔いつぶれてしまいました。そこでアイゼンシュタインは、ファルケを馬車に乗せた帰り道、途中で彼を降ろしてそのまま立ち去ります。ファルケは何も気がつかず、彼が酔いの眠りから覚めたときには、真っ昼間になっていました。こうもり姿のままのファルケは、周囲の子どもたちに指さされながら、家まで街中を歩くことになり、それ以来、彼は「こうもり博士」と呼ばれるようになったのです。

　それから3年後、ファルケは、ある大金持ちから相談を受けます。ロシアの若い貴族オルロフスキー公爵は、自身の大邸宅で毎晩のよ

うにパーティーを開いていましたが、そんな毎日にも飽き飽きしていました。お金は有り余っているのに退屈なことばかり。何か面白いことはないのか、と。オルロフスキー公爵から、大晦日のパーティーの企画を任されたファルケは、このパーティーでちょっとしたお芝居を催すことにしました。そのタイトルは"こうもりの復讐"です。つまり、ファルケはこの機会に、こうもり博士の異名をつけられた一件について、アイゼンシュタインに仕返しをしてやろうともくろんだわけです。

　このオペレッタの第1幕では、ファルケが大晦日のパーティー当日の昼間に、アイゼンシュタインの家を訪れるところから始まります。華やかな大晦日のパーティーを中心としたオペレッタ『こうもり』の序曲は、この作品に出てくる音楽をメドレーのようにつないだ曲、音楽用語ではポプリという形式の曲になっています。このオペレッタ全体の生き生きとした雰囲気が伝わってくるかのようです。

　　┃「『こうもり』の序曲」
　　　"Die Fledermaus, Overture"　　　　　　　　　　　　[8:15]

大晦日のパーティーの楽しみ

　それでは、ファルケ博士の復讐劇に出演する登場人物たちがどのような状況にあるのか、順番にみていきましょう。

　まず復讐のターゲットであるアイゼンシュタイン。成功した銀行家という設定の彼は、テノールかバリトンが受け持ちます。声域が決まっているわけではなく、大切なのはその役の人柄を表現することであり、上流階級に属しながら、軽薄で女好きの性格を併せ持つ彼の人物像を描き出す必要があります。アイゼンシュタインは、このとき、役人をひっぱたいて侮辱したことから5日間の刑務所暮らしを命じられていました。しかも、弁護士が交渉に失敗して刑期を3日増やされて8日間になってしまい、激怒しています。大晦日の

この日、刑務所に出頭しなければならない状況です。

　そのとき、アイゼンシュタインの邸宅にファルケがやってきて、ロシアの貴族オルロフスキー公爵のパーティーに行こうと誘います。今夜から刑期を務めなければならない、と残念そうに断るアイゼンシュタイン。ファルケは彼に、パーティーにはかわいい女の子がたくさん来る、今夜はパーティーに行って、明日の朝から刑務所に入ればいい、とそそのかします。その気になったアイゼンシュタインは、妻のロザリンデには内緒で夜会に出かけることにして浮かれ気分です。ここでアイゼンシュタインとファルケ（バリトン）によるなんとも楽しい男声の二重唱になります。その楽しみの意味はアイゼンシュタインにとっては夜会、ファルケにとっては復讐……と異なっているのですが。

> 第1幕　第3番　二重唱（アイゼンシュタイン、ファルケ）
> 「夜会に行こう」
> Act 1 : "Komm mit mir zum Souper"（Eisenstein, Falke）　　　[3：15]

笑いのなかの泣き、泣きのなかの笑い

　ファルケは、オルロフスキー邸のパーティーにもう一人の人物を招待します。その人物とは、アイゼンシュタイン家で働く女中のアデーレ。彼女の姉のイーダが踊り子としてパーティーに出席することを利用して、ファルケは、姉のイーダからの手紙と偽ってアデーレにニセの招待状を送ります。姉から招待されたと思い込んだアデーレは、何とか今晩、すなわち大晦日の夜、外出を許してもらえるようにアイゼンシュタインとその夫人に頼み込みます。叔母が重病なのでお見舞いにいくために休暇がほしい、と。アイゼンシュタインは、さっき君の叔母さんが元気に畑のほうに行くのを見たよ……と返します。それでも、なんとか外出の許しを得ることができました。

それを許したのは、アイゼンシュタインの妻ロザリンデです。ロザリンデが彼女の外出を許可したのにはわけがあります。ちょうどこの日、4年前に別れた元恋人アルフレートが家に訪ねてきていました。このアルフレートは、ロシア貴族のオルロフスキー公爵の声楽教師という設定です。声楽教師なので、声は大きい。しかも、テノールなので、声も高い。そしてずうずうしい。ロザリンデは夫に見つかったら一大事なので、すぐ帰ってほしいと言います。アルフレートは、ご主人が牢屋に入ったらまた会ってくれるのなら帰る、という条件を出します。渋々約束したロザリンデでしたが、再び彼が戻ってきたときに、ほかの人に見られたら大変。というわけで、女中のアデーレが家にいないほうが都合がいいので外出の許可を出したのです。

　ここで、アイゼンシュタイン家の3人、アイゼンシュタイン、ロザリンデ、アデーレの三重唱になります。

> 第1幕　第4番　三重唱（ロザリンデ、アイゼンシュタイン、アデーレ）
> 「1週間もたったひとりで」
> Act 1：“So muss allein ich bleiben”（Rosalinde, Eisenstein, Adele）
>
> ［4：00］

　3人ともそれぞれ悲しい。つまり、アイゼンシュタインは刑務所に入らなければならない、ロザリンデは夫と8日間も別れて暮らすことになる、アデーレは叔母さんのウソの重病がとても心配。でも、本当は違います。アイゼンシュタインとアデーレは、パーティーに行くことで浮き浮きですし、ロザリンデとしても家から人がいなくなれば、ひとまず元恋人の件はやり過ごせるはず。そんな3人の悲しくてうれしい気持ちを、J・シュトラウスの見事な音楽で描き出しています。

この人は夫ではありません

　アイゼンシュタインとアデーレが家を出たあと、一息ついたロザリンデでしたが、約束どおりアルフレートがやってきたので焦ります。アルフレートはずうずうしくも家でくつろぎ始め、アイゼンシュタインのナイト・キャップをかぶり、ナイト・ガウンまで着てリラックスする始末。お願いだから帰ってと言うロザリンデに、一緒に飲もうと誘います。

　そこにもう一人の訪問者がやってきます。刑務所長のフランクです。彼は、アイゼンシュタインがなかなか刑務所に出頭しないので、わざわざ迎えにきたのです。それもそのはず、アイゼンシュタインはパーティーに出るためオルロフスキー邸に行ったわけですから、刑務所には着いていないのです。フランク所長はアルフレートに対して、抵抗しないで刑務所まで一緒に来なさいと言います。ロザリンデが、いいえ、この人は夫ではありません、と言っても、アルフレートはナイト・ガウンまで着て、家でくつろいでいるのです。夫でなければ、こんな夜遅くに、はたして誰と一緒にいるのか、という疑いがかけられます。もう成り行きでアルフレートが夫として護送されるしかありません。戸惑う二人に対し、フランク所長は、さあ早くお別れのキスをすませてと急かします。キスと聞いて、喜ぶアルフレートと困るロザリンデ。何とか繕ったうえで、アルフレートは刑務所に連れていかれました。

　実はこの刑務所長のフランクにも、パーティーの招待状が届いていました。そう仕組んだのは、もちろんファルケ博士。第1幕で、以上のようなお膳立てが整って、いよいよ第2幕のオルロフスキー邸での大晦日のパーティーが始まります。

ロシア貴族のオルロフスキー公爵

　第2幕は、ロシア貴族のオルロフスキー公爵の大邸宅が舞台です。

燕尾服を着たアイゼンシュタインがやってきたので、ファルケ博士は早速、オルロフスキー公爵に紹介します。このオルロフスキー公爵という人物は、お金が有り余って、刺激がない生活に飽き飽きしている、そんな世間離れした人間として描かれています。

　彼の役を歌うのは性格的なテノールですが、メゾ・ソプラノ歌手がズボン役としてオルロフスキー公爵役を務めることも多くあります。また、カウンター・テノール、すなわち男性がファルセットと呼ばれる裏声を駆使して女性と同じ声域を歌う歌手が、この役を受け持つこともあります。

　第2幕　第7番　オルロフスキー公爵のアリア
　「私はお客を招くのが好きで」
　Act 2："Ich lade gern mir Gäste ein"（Orlofsky）　　　　　　［3：00］

女優見習いの女中

　オルロフスキー公爵の風変わりな性格に戸惑うアイゼンシュタインですが、気を取り直して早速、自分自身をフランス人の侯爵と偽り、パーティーに出席している女性に手を出そうとあたりを見回します。すると、ある人物が目に入って驚きます。それは女中のアデーレ。しかも、妻のロザリンデのドレスで着飾っている。叔母さんのお見舞いにいったはずのアデーレがなぜこんな場所にいるのかと怪しむアイゼンシュタインに、オルロフスキー公爵が彼女は新人女優のオルガ嬢ですよ、どうしましたか？と尋ねます。

　いいえ、ちょっとよく似ている人がいるものですから……と口を濁すアイゼンシュタイン。オルロフスキー公爵は、いったい誰に似ているのかとさらに尋ねます。いや、それは、我が家の女中に……と言うと、オルガ嬢は何ですって！と憤慨します。貴族のパーティーに出席している女優に向かって、自分の家の女中に似ていると言ったら誰でも怒るはずです。でも、もちろんこれはアデーレのごま

かしにすぎません。アデーレは嘘をつき通して新人女優オルガになりきるしかないのです。

　アデーレ役はソプラノのなかでもリリコ・レッジェーロと呼ばれる、より軽快な声をもつ歌手が歌います。女中の役は「スーブレット」と呼ばれ、利発な立ち振る舞いも必要です。さらにここで、私は女中なんかではありません、と歌うアリア（クープレ）は、細かい装飾音符を使用していて、コロラトゥーラの歌唱技術も要求されます。

　第2幕　第8番　アデーレのアリア
　「侯爵様、あなたのようなお人は」
　Act 2："Mein Herr Marquis, ein Mann wie Sie"（Adele）　　　［3：30］

　しかし、彼女はアデーレにちがいないと疑うアイゼンシュタインの前に、もう一人の登場人物が現れます。それは刑務所長のフランクです。刑務所長という肩書ではこのような華やかなパーティーに出にくいので、ファルケ博士はフランス人の騎士として招待していました。アイゼンシュタインはフランス人の侯爵と偽っていましたから、二人でぎこちないフランス語の会話が始まります。それでも、ドイツ語で話すことにしてからは打ち解けて、お互い好感をもちます。またお会いしたいと握手するのです。あとで二人がどのように再会するのかを想像して、ファルケ博士とオルロフスキー公爵は笑いが止まりません。

ハンガリーの貴婦人

　そして、最後に登場するのが、ハンガリー出身のとある伯爵夫人です。少し事情があるので仮面をつけることを了承してくださいとファルケ博士はパーティーの出席者たちに断ります。この仮面をつけた伯爵夫人こそ、ファルケ博士の切り札でした。アイゼンシュタ

インにわからないように変装してきたロザリンデです。仮面をつけているので、パーティーに出席しているみんなからも、本当にハンガリー人なのかと問われますが、ロザリンデは、それなら歌で証明しましょうと、ハンガリー古来の民俗音楽である「チャルダッシュ」を歌います。まさにロザリンデ役のソプラノ歌手の歌唱力が試される場面です。美しい故郷を想って歌われる叙情的な旋律が魅力的な一曲です。

> 第2幕　第10番　ロザリンデのアリア
> 「故郷の調べは、憧れを呼び覚まし」
> Act 2 : "Klänge der Heimat, ihr weckt mir das Sehnen"（Rosalinde）
>
> [4：30]

時計の二重唱

　パーティーでロザリンデは、自分のドレスを着たアデーレを見つけて驚きます。叔母さんが重病でお見舞いにいくと言って、こんなところにいるとは、と叱りつけようとしましたが、ここはファルケ博士に止められます。今夜はあちらをごらんください、と彼が指し示した先には、刑務所にいるはずの夫が女の子に囲まれてパーティーを楽しんでいるではありませんか。

　他方のアイゼンシュタインは、仮面をつけたハンガリーの貴婦人を一目見て惚れ込みます。それもそのはず、本当は自分の妻なのですから。今夜は何とか、彼女と過ごしたい。そこで、アイゼンシュタインはいつもの小道具をポケットから取り出します。それは鈴の音が鳴る珍しい懐中時計。彼は、いつもこの時計をプレゼントすると約束して女性を誘惑してきました。どんな女性もこの時計で陥落させてきましたが、アイゼンシュタインいわく「でも、まだどの女性も時計を手に入れられない」のだそうです。今回も自信満々で懐中時計を手にしてハンガリーの貴婦人に近づきます。

■ 第2幕　第9番　二重唱（ロザリンデ、アイゼンシュタイン）
■ 「この上品で、マナーのよさ」
■ Act 2 : "Dieser Anstand, so manierlich"（Rosalinde, Eisenstein）[4：45]

「時計の二重唱」と呼ばれるアイゼンシュタインとロザリンデの二人のやりとり。この曲で、ロザリンデは彼から時計を奪い取ろうとします。浮気の決定的な証拠を押さえたかったのです。

まず彼に近づいたロザリンデは、胸がドキドキする……と伝えます。それは恋心にちがいないと喜ぶアイゼンシュタイン。ロザリンデは、私の胸の鼓動とあなたの時計の音がぴったり合いますか？と尋ねます。貴婦人が時計にも興味を示したので、アイゼンシュタインとしては好都合です。やってみれば簡単にわかりますよとアイゼンシュタイン。しかし、ロザリンデはわざと自分の胸の鼓動を数え間違えます。そのうえで、次はあなたが私の胸の鼓動を測ってくださいと誘惑したのです。私の胸元とあなたの時計を交換しましょう、と。

アイゼンシュタインは思わぬ展開に興奮します。美しいハンガリーの貴婦人の胸元に手を当てて彼女の鼓動を数えることができるなんて。浮かれて早速アイゼンシュタインが始めたとき、ロザリンデは手にした彼の懐中時計をドレスにしまい込みました。アイゼンシュタインが気づいたときにはもう遅い。時計を返して、と言っても後の祭りでした。

オペラ・ガラ・コンサート

さて、オルロフスキー邸の大晦日のパーティーでは、オペレッタから離れたもう一つの楽しみがあります。それは、このパーティーのなかで実際にコンサートが開催される演出があることです。オペレッタ『こうもり』のストーリーとは全く関係がない、パーティー

のなかでのコンサートです。例えば、オーケストラがワルツを演奏することや、バレエが催されることもあります。オペラ・ファンからすれば、最も楽しみなのは有名オペラ歌手を招いてのオペラ・ガラ・コンサートかもしれません。ちょうど本書で取り上げたオペラの名アリア、名場面が演奏されることもあります。客席の聴衆も、舞台の上のパーティーの出席者も、みんなで名歌手が歌うアリアを堪能できたら最高のコンサートになることでしょう。

パーティーでは、「シャンパンの歌」と呼ばれるオペレッタ『こうもり』の代表曲をみんなで歌います。シャンパンで乾杯！とソリストたちと合唱が舞台を一気に盛り上げます。

> 第2幕　第11番　フィナーレ
> 「ぶどうの恵みを飲み干せば、トラララ！」
> Act 2 : "Im Feuerstrom der Reben, Tralalalalala"　　　　　　[2 : 15]

オルロフスキー邸のパーティーは夜通しで続いていきますが、そこでファルケ博士が大きな箱型の時計に時報の鐘を打たせます。アイゼンシュタインと刑務所長のフランクは、聞こえてきた鐘の音を数えます。1、2、3、4、5、6！　時計はすでに早朝の時間を示していました。アイゼンシュタインとフランクは焦って帽子とコートを身につけ、一目散にオルロフスキー邸を後にしました。ここで、『こうもり』第2幕の祝宴は終了です。

すべてはシャンパンのせい

オペレッタ『こうもり』の第3幕の舞台は、刑務所長の事務室から始まります。ファルケ博士の復讐はどのような展開を見せるのか、これは実際にこのオペレッタを鑑賞して確かめてみてください。その前に、ファルケ博士が仕込んだ罠が、ここまでどのような状況になっているのか確認しておきましょう。

まずアイゼンシュタインは、8日間の禁錮刑を受けるために早朝、急いで刑務所に出頭します。そこで待っているのはフランク刑務所長。二人はたしかパーティーでフランス人同士として意気投合していました。

　フランク所長のもとには、アデーレも訪ねてきます。実はまだ女優ではなくて、これから女優になるためにパトロンとして支援してほしいと頼むのです。パーティーでは私にキスまでしてくれたでしょう、とアデーレに言われてフランク所長は焦ります。

　ところで牢屋のなかには誰がいるかというと、アイゼンシュタイン……ではなくて、彼のナイト・ガウンを着たアルフレートです。フランク所長が直々に、仲睦まじい夫妻を引き離して、"アイゼンシュタイン"として連行しました。

　本物のアイゼンシュタインは、彼が家を出たあと、妻と見知らぬこの男の間に何が起こっていたのか、憤慨しながら真相を突き止めようとします。しかし、刑務所にやってきたロザリンデの手には、ハンガリーの貴婦人に取られたはずのアイゼンシュタインの懐中時計が、浮気の証拠として握られているのです。

　ファルケ博士による「こうもりの復讐」のために、十分な仕掛けが用意されたといえるでしょう。第3幕の喜劇の結末としては、アイゼンシュタインが妻のロザリンデに対して、「許してくれ、すべてはシャンパンのせいなんだ」と謝ります。ロザリンデが、すべてはシャンパンが真実を暴いてくれたと「シャンパンの歌」を歌って幕となります。

　　第3幕　第16番　フィナーレ
　「おお、こうもりよ、こうもりよ」
　Act 3："O Fledermaus, o Fledermaus"　　　　　　　　　[2：45]

214

J・シュトラウスの生涯とオペレッタ

　J・シュトラウスは1825年10月25日、「ワルツの父」ヨハンの長男として、オーストリアのウィーンに生まれましたが、その父は息子が音楽家になることに反対します。しかし、母の勧めでヴァイオリンを習い、両親が別居したあと、教会のオルガン奏者から作曲理論を学びました。

　1844年（19歳）で楽団を率いたデビュー・コンサートは、父の妨害にもかかわらず大成功を収めます。その後、自身の楽団や、父の死後は父の楽団をも指揮して、盛んに音楽活動をおこないました。62年（37歳）に歌手のヘンリエッテ・トレフツと結婚し、これ以降、作曲に力を入れ、『美しく青きドナウ』など、「ワルツ王」の異名を取ることになるほど有名なワルツの傑作を次々と生み出します。70年（45歳）、母と弟ヨーゼフを失い精神的に弱っていましたが、ジャック・オッフェンバック（1819-80）のオペレッタに刺激を受け、また妻の勧めもあり、オペレッタの作曲に挑みます。最初の作品『インディゴと40人の盗賊』は成功し、3作目の『こうもり』が代表作になりました。78年（53歳）で妻ヘンリエッテが死去しましたが、すぐに27歳年下の歌手アンゲリカ・ディトリヒと再婚します。しかしこの再婚はうまくいかず、4年後には破局しました。

　他方、作曲のほうは、1885年（60歳）にアン・デア・ウィーン劇場で初演された『ジプシー男爵』が、オペレッタ創作の集大成として評価されています。その生涯で作曲したオペレッタは16作を数えました。87年（62歳）、3人目の伴侶として、前妻よりも若いアデーレ・ドイチュを迎えます。そのアデーレと晩年を過ごし、99年6月3日、73歳で亡くなりました。ウィーンの中央墓地に埋葬され、その後に黄金の記念像が建立されています。

J・シュトラウスのオペレッタ以外の歌

　ワルツ王J・シュトラウスのオペレッタ以外から歌を探して
みると、やはりワルツが見つかります。ソプラノの独唱付きワ
ルツ『春の声（Frühlingsstimmen Op.410）』です。J・シュトラ
ウスはハンガリーに滞在中、フランツ・リストと同席した晩餐
会でこの曲を即興で作曲したといわれています。管弦楽曲とし
て演奏されることも多いですが、原曲には歌詞が付いています。
ヒバリやナイチンゲールの春の声とともに悲しみは遠くどこか
へ、そして代わりにやってくるのは幸せ……と春の訪れを歌い
ます。

参考文献

『新グローヴ オペラ事典』白水社、2006年

『スタンダード・オペラ鑑賞ブック』全5巻、音楽之友社、1998-99年

『最新名曲解説全集』第18-20巻、補巻第3巻、音楽之友社、1980-81年

『オックスフォード オペラ大事典』平凡社、1996年

『オックスフォード オペラ史』平凡社、1999年

『オペラ辞典』音楽之友社、1993年

『音楽大事典』全6巻、平凡社、1981-83年

増井敬二『オペラを知っていますか──愛好家のためのオペラ史入門』音楽
　　之友社、1995年

水谷彰良『イタリア・オペラ史』音楽之友社、2006年

山田治生編著『バロック・オペラ──その時代と作品』新国立劇場、2014
　　年

石井宏「『魔笛』解説」『ショルティ盤 CD』LONDON、1990年

佐竹吉男「『魔笛』作品ノート」二期会プログラム、2000年

海老澤敏「モーツァルトの『ドン・ジョヴァンニ』」『カラヤン盤 CD』DG、
　　1986年

黒田恭一「『セビリャの理髪師』解説」『アバド盤 CD』DG、1998年

渡辺護「『魔弾の射手』解説」『クライバー盤 CD』DG、1994年

鶴間圭「ドイツ国民オペラの系譜──ウェーバーの先進性」、新国立劇場
　　『魔弾の射手』プログラム、2008年

渡辺護「『タンホイザー』解説」『ハイティンク盤 CD』EMI、1985年

井形ちづる「『タンホイザー』解説」(「DVD 厳選コレクション」Vol.3) 世
　　界文化社、2009年

福原信夫「『ドン・カルロ』解説」『カラヤン盤 CD』EMI、1979年

西川和子「16世紀中葉のスペインを中心とする王家の盛衰」、新国立劇場
　　『ドン・カルロ』プログラム、2006年

菊池良生「ネーデルラント地方を巡る攻防」、新国立劇場『ドン・カルロ』
　プログラム、2006年

堀内修「「世の空しさを知る神」ヴェルディ最後の大アリア」、新国立劇場
　『ドン・カルロ』プログラム、2001年

石戸谷結子「『カルメン』解説」、『スタンダード・オペラ鑑賞ブック』第5
　巻所収、音楽之友社、1999年

岸純信「『ウェルテル』作品ノート」、新国立劇場プログラム、2016年

南條年章「『ボエーム』解説」、『スタンダード・オペラ鑑賞ブック』第1巻
　所収、音楽之友社、1998年

井内美香「初演までの紆余曲折——手紙や当時の批評からみた『ラ・ボエー
　ム』」、新国立劇場プログラム、2020年

岡田暁生「『ばらの騎士』作品ノート」、新国立劇場プログラム、2011年

鶴間圭「『アラベッラ』作品解説と聴きどころ」、新国立劇場プログラム、
　2003年

末吉保雄「『ペネロープ』解説」、日本フォーレ協会プログラム、1995年

黒田恭一「『こうもり』解説」『クライバー盤CD』DG、1986年

［著者略歴］
神木勇介（かみき ゆうすけ）
声楽家、オペラ研究家
東京学芸大学音楽科声楽専攻卒業
ウェブサイト「わかる！オペラ情報館」の管理人。サイト内のオペラのあらすじ・
解説は、オペラの公演パンフレットや教育現場などで活用されている
著書に『オペラ鑑賞講座超入門——楽しむためのコツ』『オペラにいこう！——楽
しむための基礎知識』（ともに青弓社）
ウェブサイト「わかる！オペラ情報館」（https://opera-synopsis.sakura.ne.jp/）

面白いほどわかる！オペラ入門
名アリア・名場面はここにある！

発行——2023年5月25日　第1刷

定価——1800円＋税

著者——神木勇介

発行者——矢野未知生

発行所——株式会社青弓社
　　　　　〒162-0801 東京都新宿区山吹町337
　　　　　電話 03-3268-0381（代）
　　　　　http://www.seikyusha.co.jp

印刷所——三松堂

製本所——三松堂

©Yusuke Kamiki, 2023
ISBN978-4-7872-7456-4　C0073

神木勇介

オペラ鑑賞講座超入門

楽しむためのコツ

通年公演やテレビ放送などで身近になったオペラ。難しいと躊躇している初心者に、「気楽に鑑賞するための12のちょっとしたコツ」講座を開講。気楽に楽しむための格好の入門書。　定価1600円＋税

松本大輔

面白いほどわかる！クラシック入門

大作曲家の多くが書いている交響曲を聴いて歩みを追えばクラシックの魅力と歴史はすぐにわかる。自分の12歳からの経験を語りながら、楽しく、面白く、クラシックの魅力に導く。　定価1600円＋税

森 佳子

オペレッタの幕開け

オッフェンバックと日本近代

オッフェンバックが創始したオペレッタはどのようにして世界的な隆盛を極めたのか。作品の分析を通して近代日本のオペラ受容と現代の音楽劇の発展に果たした功績を照らし出す。　定価2800円＋税

三宅新三

モーツァルトとオペラの政治学

モーツァルトのオペラの根底には愛と結婚をめぐる新旧社会の規範の対立や葛藤というエロスの問題が横たわっている。その社会的・文化的な諸相を彼の七大オペラを通して読み解く。定価2000円＋税

吉田剛士
まるごとマンドリンの本

叙情的な音色が世界中で親しまれているマンドリン。初心者から中・上級者までを対象に、演奏を楽しむ／上達するためのポイントとマンドリン文化の奥深さを詳しく解説する。　定価1600円＋税

山本宏子
太鼓の文化誌

体が包まれる荘重な響き、浮き立つような軽快なリズム、意識を高揚させる音色、演奏に生命力を与える音響──音楽学と民族芸能学の視点から世界各地の調査をまとめた貴重な成果。定価3000円＋税

梶野絵奈
日本のヴァイオリン史
楽器の誕生から明治維新まで

16世紀から明治初期までのキリスト教の宣教師、鎖国期日本の長崎、横浜の外国人居留地などの珍しい事例と貴重な図版でヴァイオリンの日本史をたどり、楽器としての営みを発掘する。定価2000円＋税

荻原 明
まるごとトランペットの本

歴史や種類、選び方、メンテナンス、姿勢などの基礎知識から、ウォームアップや練習方法、イメージの作り方、演奏のトラブル解決法、楽譜の読み方までを写真や譜例を交えて紹介。定価1600円＋税